Astrid Eichler

Es muss was Anderes geben

Lebensperspektiven für Singles

SCM
R.Brockhaus

SCM

Stiftung Christliche Medien

Die Edition AUF|ATMEN
erscheint in Zusammenarbeit
zwischen dem R. Brockhaus Verlag Wuppertal
und dem Bundes-Verlag Witten
Herausgeber: Ulrich Eggers

5., erweiterte Auflage 2014

Bodenborn 43 · 58452 Witten
Internet: www.scmedien.de; E-Mail: info@scm-brockhaus.de

Umschlaggestaltung: Yellow Tree – Agentur für Design und Kommunikation,
www.yellowtree.de
Titelbild: www.istockphoto.com/brainmaster
Satz: Satz & Medien Wieser, Stolberg
Druck und Bindung: CPI – Ebner & Spiegel, Ulm
Gedruckt in Deutschland
ISBN 978-3-417-26573-6
Bestell-Nr. 226.573

Inhalt

Vorwort zur erweiterten Neuauflage 2014

Damit hatte ich nicht gerechnet! Als ich das vorliegende Buch im Jahr 2006 schrieb, ahnte ich nicht, dass ich einige Jahre später für die Initiative, die dadurch entstand, beruflich unterwegs sein würde. Wir haben tatsächlich etwas Anderes begonnen!

Es gibt Veranstaltungen im deutschsprachigen Raum. Es gibt regionale Gruppen. Es gibt erste gemeinschaftliche Lebenszellen. Wir sind unterwegs als Suchbewegung und Lerngemeinschaft. Es gibt ein Netzwerk: www.emwag.de[1]. Es gibt Verbindungen zu anderen Single-Initiativen. Es gibt einen großen Bedarf, viel Sehnsucht, viel Not und viele Chancen.

In unserer Gesellschaft wächst die Gruppe der Singles ständig. In unseren Kirchen und Gemeinden werden sie eigenartigerweise allerdings meist nur wenig oder so gut wie gar nicht wahrgenommen. Doch dieses Buch geht nicht nur Singles an. Das haben mir viele Begegnungen und Gespräche in den vergangenen Jahren gezeigt. Zum Beispiel komme ich immer wieder mit Pastoren ins Gespräch, erzähle von meinem jetzigen Dienst und werde daraufhin mit einem verwunderten Blick bedacht: »Aber der Wille Gottes ist doch die Ehe. Gilt denn das jetzt nicht mehr?«

Plötzlich finde ich mich wieder in einem Streitgespräch über Ehe und Familie, das gar nicht zu mir passt. Nicht von ungefähr

[1] Als es darum ging, dass der Verlag eine Homepage einrichten wollte, sollte diese zunächst www.astrideichler.de heißen. »Nein, auf keinen Fall« – das wollte ich nicht! »Nehmen Sie doch den Titel des Buches«, meinte ich. »Nein, der ist zu lang« – und so kam es zu www.emwag.de – den Anfangsbuchstaben des Titels. Erst setzten wir es immer in Anführungszeichen. Aber irgendwie brauchten wir ein Wort, um von dem zu reden, was wir meinten, und so wurde es immer selbstverständlicher, von EmwAg zu sprechen.

habe ich deshalb eine wichtige Vorbemerkung an den Anfang dieses Buches gestellt: »Die Ehe als Gottes geniale Idee« (Seite 17).

Die Fronten sind (leider) vielfältig. Bei all dem, was Gesellschaft, Kirche und Gemeinden zu diesem Thema umtreibt, was gestritten und gekämpft wird, dürfen wir die große Vielfalt der Herausforderungen und die Vielschichtigkeit nicht aus dem Blick verlieren. Bei der ständig wachsenden Anzahl von Singles handelt es sich bei Weitem nicht nur um »Familienfeinde«, »karrieregeile Selbstverwirklicher« oder eben »Töpfe, die nur noch nicht den richtigen Deckel gefunden haben« – gemäß dem uralten Sprichwort, das behauptet, dass es doch »für jeden Topf einen Deckel« gebe. Nein, die Situation und die Herausforderungen von Singles sind vielfältig. Und es sind zugleich Anfragen an die christlichen Gemeinden insgesamt, an Verkündigung und Lehre, an Seelsorge und Ausbildung. Wir brauchen in dieser Hinsicht dringend einen Aufbruch. Hier sehe ich für die nächsten Jahre eine große Aufgabe, damit die Singles nicht in noch mehr Einsamkeit auswandern, weil die christlichen Gemeinden ihnen keinen Lebensraum geben.

Es muss was Anderes geben! Ich möchte mich gern auf den Weg machen mit Pastoren und Gemeindeleitern, mit Lehrenden und Studierenden, um das zu entdecken und zu gestalten.

Wenn ich auf die vergangenen Jahre zurückschaue, dann heißt meine Überschrift: »Und es begab sich ...« Ich kann vielfach nur staunen, wie leicht es ging ... wie organisch es sich ergab ... und es wächst. Ich bin nicht mehr Gefängnispfarrerin in Berlin, sondern Bundesreferentin für EmwAg e.V. und als solche im Reisedienst im deutschsprachigen Raum unterwegs. In meiner Freizeit aber besuche ich noch Gefangene, denn das hat sich nicht verändert: dieser Auftrag und meine Leidenschaft für diesen Dienst.

An dieser Stelle möchte ich allen danken, die sich mit mir gemeinsam auf den Weg gemacht haben, die mit mir gesucht und auch schon etwas gefunden haben.

Ich danke denen, die in der Spurgruppe dabei waren, die sich im Trägerkreis und im Kleinteam in den Regionen engagiert haben und engagieren.

Ich danke allen Singles, die mir in den vergangenen Jahren Anteil gegeben haben an ihrem Leben, ihren Erfahrungen, ihrem Schmerz und ihren Hoffnungen. Ich habe viel von euch gelernt.

Ich danke denen, die trotz Enttäuschungen und Frust noch nicht aufgegeben haben, und möchte sie ermutigen, weiterhin nicht aufzugeben.

Ich danke denen, die mich persönlich begleiten und mich in den vergangenen Jahren ermutigt haben, dranzubleiben und weiterzugehen. Ich danke euch, die ihr es aushaltet, dass es mit mir immer noch was Anderes gibt. Es ist schön, mit euch gemeinsam auf dem Weg zu sein!

Ich danke dem Verlag, der EmwAg so beherzt und großzügig unterstützt.

Berlin, Oktober 2013 Astrid Eichler

Bevor ich beginne: Als Single glücklich sein – geht denn das?

Manch einer mag skeptisch abwinken. Na ja, man/frau muss sich eben einrichten. Das Beste draus machen: viele Freunde haben, für eine abwechslungsreiche Freizeitgestaltung sorgen, die Freiheit genießen, die Vorteile auskosten. Ja, dann kann man irgendwie auch glücklich werden, jedenfalls zeitweise, immer mal wieder zwischendrin. Man muss eben wissen, was einem gut tut.

Ja, muss man wirklich. Aber das allein reicht nicht. Es geht tiefer. In unserer Gesellschaft wächst die Zahl der Singles nach wie vor und damit auch die der Einzelhaushalte, so dass man den Eindruck gewinnt, nur frei und allein kann man wirklich glücklich sein. Doch in den so genannten »frommen Kreisen« stellt sich das ganz anders dar. Hier gilt weithin Familie als »normal«, als »von Gott gewollt«. Singles definieren sich, oder werden definiert, von dem, was sie nicht haben; von ihrem Defizit. Ob die wirklich »normal« sind ... ? Vielleicht doch »übrig geblieben«? Vielleicht nicht beziehungsfähig, nicht bereit, sich zu binden? Wer weiß ... Wollen ihre Freiheit nicht hergeben, sind zu anspruchsvoll, zu wählerisch ... Verletzende Argumente, schmerzliche Fragen, die einem Stachel im Herzen hinterlassen ... Das tut weh.

Auch Singles sind geschlechtliche Wesen – ganz normal. Aber wie damit umgehen? Wie die Sexualität leben, gestalten, wenn es Grenzen gibt, wenn ich überzeugt bin: Die geschlechtliche Gemeinschaft von Mann und Frau gehört in die Ehe. Sie ist nicht etwas für »beliebigen Gebrauch«, sondern benötigt den Schutz von Verbindlichkeit, braucht die Tiefe einer ganzheitlichen Beziehung. Was ist es mit dem Geheimnis der Sexualität in einem Single-Leben? Ist das Single-Leben vielleicht doch nur ein halbes

Leben, weil die Tiefendimension fehlt? Kann man als Single »trotzdem« glücklich sein? Es gab Jahre in meinem Leben, in denen ich dachte (und damit bin ich nicht allein): »Wenn du einen Mann hättest, dann wären deine Probleme gelöst.« Das glaubte nicht nur ich selbst, das wurde mir auch von einem Seelsorger vermittelt. Auch damit bin ich nicht allein. Was tun mit den Verletzungen, die auf dem Weg, auf der Suche nach Hilfe zugefügt werden?

Ich wusste, dass alle guten Ratschläge, die man lesen und hören kann, an sich nichts Schlechtes sind. Nein, sie sind sogar nötig. Aber sie bergen nicht das Glück in sich. Ich entdeckte auf einem langen und intensiven Weg: Als Single glücklich zu sein – ja, es ist möglich, und wie! Nach Jahren der Mühe und des Kampfes wurde ich erinnert an das, was ich schon sehr früh entdeckt hatte: Es gibt eine Berufung zur Ehelosigkeit. Jesus gibt diesem Stand Würde, und er macht das Unmögliche möglich. Es gibt Erfüllung in einer Weise, die ihren Ursprung nicht in Freunden und Freizeitgestaltung, nicht in gemeindlichem Dienst und persönlicher Freiheit hat, sondern in der Liebe Gottes, die wie ein Feuer brennt. Wenn dieses Feuer entzündet wird, dann schenkt Gott Leben in einer neuen Qualität – auch für Singles oder gerade für sie. Es gibt eine Reich-Gottes-Berufung zur Ehelosigkeit. Und Reich Gottes ist immer Friede und Freude im Heiligen Geist (Römer 14,17).

Mit diesem Buch lade ich Sie ein, auf meinem Weg ein Stück mitzugehen und an meinem Kampf als Single ein wenig Anteil zu nehmen. Ich lade Sie ein, sich auf meine Entdeckungen einzulassen und selbst Entdeckungen zu machen. Gern möchte ich Ihnen weitergeben, was mir ganz praktisch hilft. In meinem Leben gab es viele Höhen und Tiefen, aber ich habe doch immer erfahren, dass Gott bei mir war und mich trug, gerade dann, wenn ich es fast nicht glauben konnte.

Als ich 1958 geboren wurde, war mein Vater schon seit drei Jahren Stiftspropst im Stift Bethlehem in Ludwigslust. Unsere Familie, meine Eltern und meine fünf Geschwister, war 1955 in diese Kleinstadt in Mecklenburg gezogen. Mein Vater leitete das Diakonissenmutterhaus und Krankenhaus, in dem drei Schwesternschaften gemeinsam lebten und arbeiteten. So erlebte ich schon als Kind eine sehr spezielle Form christlichen Lebens: evangelische Schwesternschaften in einer bestimmten Form und Prägung, mit einem besonderen Dienst. In der ehemaligen DDR war die Diakonie ein überaus wichtiger und auch anerkannter Bereich kirchlichen Lebens.

Weil ich mich als Jugendliche gegen den Eintritt in die FDJ (Freie Deutsche Jugend, sozialistische Massenorganisation) entschieden hatte, bekam ich nicht die Möglichkeit, das Abitur zu machen. Ich verließ die Schule mit dem 10-Klassen-Abschluss und begann eine Ausbildung zur Krankenschwester in einem anderen Diakonissenhaus, dem Luise-Henrietten-Stift in Lehnin, einem kleinen Ort zwischen Potsdam und Brandenburg. Diese Zeit, so sage ich es gern, war meine »geistliche Kinderstube«. Ich hatte mich sehr bewusst entschieden, Jesus Christus nachzufolgen. Ich wollte, dass sein Wille in meinem Leben geschieht, ich wollte ihm zur Verfügung stehen. In unserem Internat gab es einen Bibelkreis, in dem wir sehr verbindlich miteinander lebten. Wir trafen uns regelmäßig zu Bibelarbeiten, zum Gebet, zu gemeinsamen Mahlzeiten und machten gemeinsam Urlaub. Als ich später ein Jahr Hausmädchen in Eisenach war, erklärte sich dieser Bibelkreis bereit, ein Taschengeld für mich zu zahlen. Wir gehörten zusammen, und wir wären gern zusammengeblieben. Es kam anders. Der Kreis löste sich auf. Wir lebten an verschiedenen Orten, einige heirateten.

Mir war in dieser Zeit innerlich klar geworden, den Weg der Ehelosigkeit zu gehen, um ungeteilt im Dienst für das Reich Gottes zu stehen. In meinen »Lehr- und Wanderjahren«, zunächst als Hausmädchen in Eisenach, dann als Mitarbeiterin in einer Kirchengemeinde in Halle-Neustadt, erlebte ich, wie kostbar es ist, so frei verfügbar zu sein.

Als ich 24 Jahre alt war, begann ich auf dem zweiten Bildungsweg in einer kirchlichen Ausbildungsstätte in Ost-Berlin Theologie zu studieren. Während des Studiums war für mich klar: Ich werde nicht Gemeindepfarrerin. Mein Ziel war, in einen kirchlichen Sonderdienst zu gehen, vielleicht in die Krankenseelsorge. 1986 kam ich für das Vikariat nach Heiligengrabe in der Prignitz. Hier erlebte ich (neben der Zeit in Halle-Neustadt) das erste Mal Gemeinde. Als ich dann 1988 in einen kirchlichen Sonderdienst gehen wollte, hieß es von meiner Kirche: »Sie werden nur ordiniert, wenn Sie mindestens für drei Jahre in eine Kirchengemeinde gehen.«

Also begann ich für drei Jahre ein Gemeindepfarramt in Buchholz in der Prignitz. Zunächst waren es fünf Kirchdörfer, später sechs, die dazugehörten. In der Arbeit für mein zweites theologisches Examen hatte ich mich gründlich mit Fragen des Gemeindeaufbaus beschäftigt und hatte eine klare Perspektive für meinen Dienst in den Gemeinden.

Dort war nach zwei Jahren erst mal alles vorbei. Mit einem klassischen Burn-out-Syndrom lag ich in Ludwigslust im Krankenhaus. Ich war mir ziemlich sicher, dass meine Zeit in Buchholz zu Ende war. Aber es ging weiter. Über 16 Jahre verbrachte ich dort im Dienst, in verschiedenen Etappen vom »Kampf ums Überleben« über »Aufwind und Aufbruch« bis hin zur »Konsolidierung und Krise«. Ein Element der Kämpfe in dieser Zeit waren die Fragen ums Single-Sein, war die Not des Alleinseins, Mangel, Sehnsucht, Zweifel ...

Diese Jahre waren eine überaus intensive Zeit. Der größte Gewinn für mich war: Ich lernte Gott besser kennen. Meine Beziehung zu ihm wurde tiefer und reicher, mein Leben hat an Leidenschaft für ihn und für die Menschen gewonnen. Ich war bereit, in der Prignitz alt zu werden. Aber ich spürte auch, dass ich, um nicht in Routine zu versacken und »einfach so« immer weiterzumachen, eine neue Bestätigung für diesen Platz brauchte. Nach dem Weggang von einigen Mitarbeitern hatte sich die Situation erneut zugespitzt. Sollte oder konnte ich wirklich allein hier leben und bis zum Ende meiner Dienstzeit bleiben? Eine gewisse Müdigkeit hatte mich ergriffen, und die Frage nach der Zukunft als allein stehende Frau war mir auch nicht egal.

Im Jahr 2004 konnte ich eine halbjährige Sabbatzeit nehmen. Das war eine besondere Erfahrung in vielfacher Hinsicht. Nach dem Ablauf der sechs Monate war klar: Ich werde die Prignitz verlassen. Während einer Zeit, die ich in der Gemeinschaft Chemin Neuf verbrachte, konnte ich meine ursprüngliche Berufung zur Ehelosigkeit wieder ganz neu empfangen und leben.

Ich zog nach Berlin und begann einen neuen Dienst. Seit Januar 2005 habe ich eine halbe Stelle als Gefängnisseelsorgerin in der Justizvollzugsanstalt Berlin-Charlottenburg. Dort erlebe ich im Dienst und im Zusammensein mit Gefangenen und dem Personal in konzentrierter und potenzierter Form die gesellschaftliche Situation in unserem Land.

Es brennt mir auf dem Herzen, dass wir als Christen einen großen Auftrag an den vielen Menschen in unserem Land haben, die das Evangelium noch nicht gehört haben. Ich spüre sehr deutlich: Sie brauchen letztlich nicht Worte, sondern Zeichen, nicht Termine von Veranstaltungen, sondern Orte des Lebens. Hier empfinde ich, wie Fragen der persönlichen Lebenssituation letztlich zur Frage nach Berufung und dem Auftrag in unserer Welt, in unserem Land werden. Letztlich geht es um mehr als um unser persönliches Glück. Es geht darum, dass wir in dem, was Gott in unserer Zeit tun will, unseren Platz finden und einnehmen, unseren Auftrag erfüllen. Das ist das Geheimnis für ein erfülltes Leben.

So wäre es also das Schönste, wenn Sie dieses Buch ermutigt, die Frage nach Ihrer Berufung ganz neu oder überhaupt zum ersten Mal zu stellen. Und noch schöner, wenn Sie ermutigt werden, nicht aufzugeben. Gott lässt Sie nicht hängen. Er sagt zu Ehelosen nicht: »Du musst mit weniger zufrieden sein.« Er hat etwas ganz anderes, sehr Schönes und Großes für uns bereit. Die Frage ist nur, ob wir vorher aufgeben oder dabei bleiben: »Herr, ich glaube deiner Liebe, auch wenn sie mir noch fern und fremd ist. Ich will, was du für mich bereithast!«

Dieses Buch hat sechs Kapitel. Die ersten drei Kapitel haben einen vorwiegend persönlichen Charakter. Ich versuche, anhand meiner Geschichte wesentliche Situationen des Single-Seins aufzuzeigen und zu beschreiben. Ich möchte durch meine Erfahrungen Wege und Werte aufzeigen, die sich als hilfreich und gut erwiesen haben. Dazu gehören auch Abschnitte, in denen Bibeltexte ausgelegt und interpretiert werden.

Das 4. Kapitel hat einen anderen Charakter und braucht vielleicht mehr Zeit, um gelesen und verarbeitet zu werden. Hier geht es um etwas Kirchengeschichte und Theologie zum Thema Freiheit. Ich gebe einen kleinen Einblick in drei sehr verschieden geprägte geistliche Gemeinschaften. Dadurch möchte ich aufmerken lassen und Sie herausfordern, anders zu denken, neue Wege zu entdecken und sie vielleicht auch zu gehen.

Die Probleme einer vielleicht unglücklichen Single-Existenz können ganz sicher nicht durch die Flucht in eine Gemeinschaft gelöst werden. Aber wenn jemand sich verändern, wachsen, seine Berufung entfalten will, dann braucht es auch praktische Möglichkeiten, neue Wege zu beschreiten. Es gibt diese Möglichkeiten, und ganz sicher können andere noch erfunden werden.

Im Vergleich zur Erstausgabe des Buches sind zwei Kapitel hinzugekommen. Das fünfte Kapitel erzählt davon, welche konkrete Möglichkeit durch dieses Buch entstanden ist. Die Initiative EmwAg entwickelt sich mittlerweile seit sieben Jahren und bietet ein Fundament für verschiedene Arten von Gemeinschaft. Letztlich geht es immer um einen Prozess der Verwandlung, wenn wir erfülltes Leben leben wollen.

Im sechsten Kapitel schließlich greife ich verschiedene Fragen auf, die mir immer wieder gestellt werden.

Ich schreibe als eine Single-Frau. Insofern ist dieses Buch natürlich auch besonders für Frauen geschrieben. Ich kann es nicht abschätzen, wie es sich für einen Mann liest. Ob es für ihn eine völlig fremde Welt ist, oder ob es Erfahrungen gibt, die sich sehr ähneln oder gleichen?

Wobei immer wieder auffällt: Im christlichen Umfeld gibt es weit mehr Single-Frauen als Single-Männer. Vermutlich weil es in den Gemeinden sowieso mehr Frauen als Männer gibt, und das potenziert sich dann bei den Singles. Es scheint immer »ganz normal«, dass die Zahlenverhältnisse bei Single-Tagungen in der Regel unproportional sind, z. B. fünf Männer gegenüber 80 Frauen. Es könnte also sein, dass der Bedarf für ein Männer-Single-Buch gar nicht sehr groß ist.

Einige Wünsche und Bitten: Als ich begann, dieses Buch zu schreiben, wurde mir erschreckend deutlich, worauf ich mich da eingelassen hatte.

Zum einen: Es ist ein sehr persönliches Thema. Das ist nicht einfach. Das ist ein Wagnis. Das ist gefährlich. Mein Wunsch und meine Bitte ist, dass Sie mit dem Persönlichen auch so umgehen. Es geht mir nicht darum, meine Erfahrungen, meine Fragen, meine Entdeckungen als allgemein gültig zu betrachten. Es geht nicht um eine Ideologie. Auch nicht um allgemeine Prinzipien, denen man zustimmen oder denen man nacheifern sollte. Sie können alles, was Sie lesen, in Frage stellen. Meine Bitte dabei ist, dass Sie das, was Ihnen fremd ist, was Sie nicht verstehen, nicht nachvollziehen können oder sogar ablehnen, einfach stehen lassen.

Mein Wunsch ist, dass dieses Buch Anregungen gibt, weiterzudenken und miteinander zu reden, eigene Entdeckungen zu machen und darüber dann offen zu sprechen. Vielleicht kommen beim Lesen Fragen auf. Vielleicht entdecken Sie in manchem sich selbst wieder. Vielleicht drückt das Gelesene genau das aus, was Sie fühlen. Vielleicht gelingt es mir, durch meine Erfahrungen eine Tür zu öffnen, so dass auch Sie offener werden und Ihren eigenen Weg gehen in neuen Frieden und neue Freude hinein. Wenn das geschieht, ist das Ziel dieses Buches erreicht.

Zum anderen: Es ist ein sehr umfassendes, vielschichtiges Thema und schwer zu fassen. Das Leben hat so viele Aspekte, das Single-Leben nicht minder. Schon allein die verschiedenen Ausgangssituationen als Single stellen besondere Herausforderungen dar:

- Singles im Wartestand, die in der Hoffnung leben, dass sich ihre Situation bestimmt bald ändern wird;
- Singles in Unruhe, deren Uhr tickt, weil die Möglichkeit, Kinder zu bekommen, schwindet;

- Singles »danach«, die nach einer schmerzhaften Scheidung lernen müssen weiterzuleben;
- Singles getroffen vom Schicksal nach dem Tod des Partners, die umgehen müssen mit dem Verlust, mit schönen und schweren Erinnerungen;
- Singles aus Berufung – und die gibt es wirklich;
- Singles als Freiheitsfanatiker: Alles scheint möglich, alles ist erlaubt.

Ich schreibe als Single-Frau, die immer ledig war, als eine, die um eine Berufung weiß, aber trotzdem über Jahre die Not des Single-Lebens erfahren hat. Ich weiß, dass einige Aspekte unberührt bleiben, dass dieses Buch in keiner Weise vollständig ist. Hier können andere weiterschreiben. Das wäre gewiss gut und hilfreich.

Dank:
Im Blick auf dieses Buch danke ich all denen, die mich auf meinem Weg begleitet haben, die meine Trauer und meine Fragen zugelassen haben, die für mich und mit mir gebetet haben. Ich bin dankbar für Schwestern und Brüder, die mir etwas vom Glanz des ehelosen Lebens gezeigt und mich ermutigt haben, meinen Weg weiterzugehen. Auch bin ich dankbar für Tagungen, die ich mit und für Singles halten konnte und bei denen ich immer wieder motiviert und ermutigt wurde, mich den besonderen Themen, Fragen und Herausforderungen dieses Standes zu stellen. Diese Erlebnisse und Erfahrungen waren und sind der Anfang dieses Buches. Ich danke den Geschwistern der Gemeinschaft Chemin Neuf, die es mir ermöglicht haben, den Stand der Ehelosigkeit als eine auch äußerlich erkennbare und verbindliche Lebensform zu ergreifen.

Ich danke meinem Gott, der mir mehr und mehr als Liebhaber begegnet ist und mein Leben zur Fülle und zur Fruchtbarkeit bringt.

Berlin, im März 2006
und Oktober 2013 — Astrid Eichler

Eine wichtige Vorbemerkung: Die Ehe als Gottes geniale Idee

Vorab muss ich sagen: Gottes Idee von Ehe und Familie begeistert mich! Wirklich! Wie er sich das gedacht hat, aus zweien eins zu machen. Die vollkommene Ergänzung von zwei so gleichen und doch so verschiedenen Wesen. Die Geborgenheit der Familie als Lebensraum für Vater, Mutter und Kinder.

Während 16 Jahren Gemeindedienst in der Prignitz hatte ich nicht oft die Gelegenheit, Paare zu trauen, aber wenn, dann war es mir sehr wichtig, ihnen etwas von Gottes Vision für die Ehe zu vermitteln. Und dazu gehörte für mich immer, darauf hinzuweisen: Ehe ist mehr als eine Tisch-, Haus- und Bettgemeinschaft. Ehe ist eine neue Schöpfung Gottes. 1+1=1. Eine Ehe ergibt etwas Neues, untrennbar Ganzes, etwas, was vorher nicht da war. Und das, was vorher war, ist nicht mehr und wird auch durch eine Scheidung nicht wiederhergestellt. Ehe ist irreversibel. Ich empfinde sehr stark, dass es die wohl größte Not unserer Gesellschaft ist, Gottes Vision für Ehe und Familie verloren zu haben. Das ist ein tödliches Drama, wie wir nach und nach in unserem Volk feststellen.

Im »wirklichen Leben« gibt es oft nur wenige Anhaltspunkte für ein Hohelied auf die Ehe. Leider. Auch in christlichen Gemeinden Wäre der Grund zum Heiraten, viele glückliche Ehepaare zu kennen, dann würde ich jedem davon abraten. Es ist ein Trauerspiel, was sich da ereignet. Am meisten schmerzt mich als Seelsorgerin, dass so wenig um Ehen gerungen und gekämpft wird. »Es geht nicht mehr«, und fertig. Wenn unsere Möglichkeiten der Maßstab sind ... dann Gute Nacht!

Ehe ist eine geniale Idee Gottes und die schöpfungsgemäße Berufung für jeden Menschen. Ja, es ist nicht gut, dass der Mensch allein sei (1. Mose 2,18). Ganz sicher. Im Alten Testament ist es sozusagen unmöglich, nicht zu heiraten. Kinder sind ein Zeichen vom Segen Gottes. Von der Schöpfungstheologie aus gesehen sind Singles ein Unding, Ehelosigkeit eine Unmöglichkeit. Aber halt! Die Schöpfungstheologie ist für uns Christen nicht der einzige Maßstab und nicht die einzige Möglichkeit. Wie gut!

Kapitel 1

Große Freiheit oder großer Notstand?

Last und/oder Lust?

Du hast es gut, kannst immer machen, was du willst ... Kein Kindergeschrei, keine durchwachte Nacht am Bett eines kranken Kindes, nicht die Last eines mehrköpfigen Haushaltes ... Freiheit, Freizeit. Nur für dich selbst verantwortlich, keinem Rechenschaft schuldig. Du hast es wirklich gut! Der Blick von Verheirateten auf ein Single-Leben, wie es »im Bilderbuch steht«. Darauf kann man doch ganz schnell kontern, oder?

Aber du erst, du hast es gut: Du bist nie allein, immer ist jemand da, der dich liebt, der dir Halt und Trost schenkt. Kinder, die dich umarmen und dir das Herz erwärmen, jemand, der dir Rat in unklaren Situationen gibt und mit dem du immer in den Urlaub fahren oder etwas unternehmen kannst. Du musst nicht alles allein machen, bist nicht für alles allein verantwortlich.

Idealbilder.

Eine Freundin erzählte mir, wie sie bei einer Freizeit zunächst mit lauter Singles am Tisch saß, bei der nächsten Mahlzeit mit lauter verheirateten Frauen. Sie dachte: »Ich hör nicht richtig.« An jedem Tisch war Thema, wie gut es die anderen haben und wie einfach, wie schön deren Leben ist.

Übler Trick. Die anderen haben es gut, mir geht es schlecht. Wir sehen nur, was wir nicht haben, und verklären die Wirklichkeit des anderen. Natürlich hat er etwas, was ich nicht habe ... Aber kann ich selbst noch entdecken, was ich habe, was mein Reichtum ist, wo meine Chancen liegen?

Jeder Stand hat seine Last – und seine Lust. Und wenn wir das gerade nicht denken und nicht fühlen können, dann hören wir uns vielleicht einmal an, was der/die andere als Last seines Standes erlebt und empfindet. Kann ich mir vorstellen, wie schwer es sein kann, Ehefrau und Mutter zu sein?

Die Not des anderen kann mich letztlich nicht trösten, hilft mir nicht, meine Not zu überwinden. Aber sie relativiert. Der Blick auf die Not des anderen hilft mir, nicht im eigenen Sumpf zu versinken und die Realität des eigenen Lebens ein bisschen besser zu erkennen. Dieser Blickwechsel ist nicht die Lösung, aber ein erster Schritt dazu, mich nicht innerlich auf mein Defizit festzulegen.

Hoffnung

Vorgestern, als alle Gäste aus dem Haus waren, war es furchtbar. Es hat mich fast zerrissen. Schon im Bett, stand ich wieder auf, suchte ein hilfreiches Wort und zog aus meinem kleinen Kästchen mit Bibelworten eines heraus: »Ich hab dich je und je geliebt, darum habe ich dich zu mir gezogen aus lauter Güte« (Jeremia 31,3). Konnte ich das glauben – in meiner Situation? Geliebt?

Gestern schrieb ich in einem Brief: »Dass ich nach den vergangenen Wochen k.o. bin, ist ja wohl höchst normal und sehr berechtigt ... bin irgendwie total ge- und zerschlagen. In mir ist ein tiefes Loch voller Einsamkeit. Ich empfinde: Nun hast du alles gegeben und bleibst leer und allein zurück. Ich habe eine tiefe Sehnsucht danach, mich anlehnen zu können, unterzuschlüpfen, geliebt zu werden. In solchen Zeiten ist es dann einfach furchtbar, allein zu sein! Vorgestern Abend, auch gestern, brach etwas von einer tiefen Einsamkeit auf, die sonst wohl nur überdeckt ist. Wird da der Schrei meiner Seele laut, der sonst nur nicht zu hören ist? Ich kann eben doch nicht allein bleiben, ich bin zu schwach, überfordert ... Mein ganzes Wesen ist dann ein Schrei nach Liebe, und ich kriege ihn nicht zum Verstummen. Ich brauche Hilfe.« (4. Januar 1989)

Ich kann mich noch gut erinnern an diese Zeit, an die Schreie meiner Seele. Ich weiß, dass die Zeiten der Erschöpfung die schlimmsten sind. Da lauert Gefahr. Ich muss aufmerksam leben. Ich darf Signale nicht überhören. Es gibt eben nicht den Partner, der sagt: »Schatz, nun mach mal Pause!« Also muss ich es selbst sagen. Mich selbst lieben. Hat Jesus nicht davon ganz deutlich gesprochen? »Liebe deinen Nächsten wie dich selbst« (Matthäus 22,39).

Aber wenn wir uns selbst nicht mehr lieben, was dann? Was passiert, wenn wir uns nicht mehr wahrnehmen, nicht gut zu uns sind, uns über die Maßen fordern und letztendlich überfordert am Boden liegen bleiben? Und dann ist da keiner, der mich aufrichtet ...

Ich hatte es bisher für möglich gehalten, dass ein Mensch ehelos erfüllt und glücklich leben kann. Seit mehr als drei Jahren kommt bei mir jedoch kontinuierlich an, dass das eigentlich doch nicht sein kann. Irgendwie ist die Ehe das Eigentliche, das Gewollte, das Richtige, das Glück. Aus der Sicht der Verheirateten mag das so sein. Es wäre schlimm, wenn's nicht so wäre. Aber warum können sie Unverheirateten nicht das Gleiche zugestehen? Dass sie in ihrem Stand ebenso glücklich und erfüllt sein können? Es ist schwer, manchmal unerträglich, als Unverheiratete mit Verheirateten zusammen zu sein, die unbewusst und/oder bewusst ausstrahlen: Verheiratet zu sein ist das einzig Wahre. Und das gönnen sie mir von ganzem Herzen. Ihr guter Wille hilft mir überhaupt nicht, sondern wird zur Qual ...

Warum sagen sie mir: »Die Lösung deiner Probleme ist die Ehe«? Bei jemandem, der verheiratet ist, würde keiner von ihnen so schnell auf die Idee kommen und sagen: »Die Lösung deiner Probleme ist die Scheidung!« Da bin ich mir ziemlich sicher. (24. September 1989)

Nachdem ich jahrelang vor allem mit »meinesgleichen«, also mit Singles, gelebt hatte, fand ich mich mit 28 Jahren, zu Beginn meines Vikariats, plötzlich zwischen lauter Ehepaaren wieder. Es war wie eine »andere Welt«, alle um mich herum waren verheiratet oder Jugendliche. Ich war umgeben von Ehepaaren, die zutiefst davon und darin lebten, dass Ehe einfach genial ist, ein Geschenk Gottes. Sie waren davon überzeugt, sie strahlten es aus und merkten nicht, dass ich zwischen ihnen saß. Sie liebten sich und zeigten es – ohne Rücksicht ... Das tat mir weh.

Ich hätte auch gern jemanden, der mich in den Arm nimmt, jemanden, der mir sagt, dass er mich liebt, jemanden, der auf mich »aufpasst«, an den ich mich anlehnen kann ... Ja, und das umso mehr, als meine persönliche Lebenssituation sich damals zuspitzte: allein in einem Pfarrhaus, 3000 qm Grundstück, ein Einbruch im Haus, ein Trabant, der leider häufiger nicht fuhr. Lauter Sachen und Situationen, denen ich als Frau allein nicht gewachsen war ... All das Alltägliche, das mich meine Situation immer wieder schmerzhaft spüren ließ.

Dann kam Hoffnung auf. Ich lernte jemanden kennen. Während einer Freizeit, bei der wir mitarbeiteten, sagte er zu mir: »Du, ich würde mich gern mal in Ruhe mit dir unterhalten, wenn hier alles vorbei ist.«

Schließlich war es soweit. Am folgenden Donnerstag wollte er wiederkommen. Was war das? Was würde daraus werden? Wenn ich ehrlich war: Ich fand es aufregend und schön. Er war mir sympathisch. Vielleicht auch noch etwas mehr ...

Ich merke, wie meine Seele aufatmet, aufblüht bei dem Gedanken an ihn. Geliebt von einem Menschen – obwohl es ja so weit noch gar nicht ist. Allein der Gedanke tut wohl. Und mir ist, als ob ich die Liebe des himmlischen Vaters darin entdecken und empfangen kann. Und wenn er dann doch sagt: »Gib's her. Es ist nicht für dich«? Ich kann es mir nicht vorstellen. Ich höre es auch nicht, denn er ist kein Despot. (27. Juli 1989)

Am Donnerstag war er wieder hier. Es war ein schöner, langer Abend. Wir waren spazieren, haben uns viel erzählt. Was wird werden? Ich bin gespannt. (5. August 1989)

Es war wie ein Frühlingshauch in diesen Sommerwochen. Ich war erinnert an eine Beziehung, die ich als Teenie hatte. Doch jetzt war es viel tiefer, viel mehr. Ich spürte Leben in mir, mehr als sonst. Und es beglückte mich die Erfahrung: Ich kann fühlen, ich kann lieben ...

Dann kam er nicht zu meinem Geburtstag. Da merkte ich erst richtig, wie ernst die Sache für mich war. Einige Wochen später schrieb ich nach einem Treffen in mein Tagebuch: *Es war ein wundervoller Abend. Wir sind uns nahe gekommen, sehr nahe. Es war ein abenteuerlicher Spaziergang, einfach schön. Und die Frage wird immer dringender: Was wird werden? Es ist mehr, als sich ganz nett zu finden, was da zwischen uns geschieht. Ist es ein neuer Weg für mich? Es tut einfach gut, in den Arm genommen zu werden, mich anlehnen zu können. Wir selbst ganz allein werden entdecken müssen, ob es einen gemeinsamen Weg für uns gibt.*

Auch Geschwister werden ein Wort dabei zu sagen haben. (15. September 1989)

Ich erlebte in dieser Zeit, dass mir diese Gemeinschaft Geborgenheit und Schutz gab. Das war es wohl, wonach ich mich am meisten sehnte. Doch war da auch immer eine Unsicherheit. Ich hatte meinen Weg vor Augen, meine Geschichte mit Gott, meine Berufung und meinen Beruf. Er war neun Jahre jünger als ich, kam aus einem anderen Hintergrund und lebte ganz anders. Konnte es sein, dass ich alles verlassen würde, um mit ihm zusammen zu sein, um zu heiraten, um Ehefrau und Mutter zu werden? Konnte es wirklich sein?

Natürlich wünschte ich mir von Gott, dass er mir ein großes Geschenk machte, aber ich wusste auch, dass es mir nicht besser gehen würde, wenn ich einen falschen Tausch einging ... Mitten in allen Gefühlen, Empfindungen und in aller Freude war etwas in mir sehr wach und sehr skeptisch. Und dann war wieder Donnerstag, der Tag, an dem er nun schon seit Wochen zu mir kam:

Es ist geschehen – es ist vorbei. Im gestrigen Zusammensein lenkte ich das Gespräch ganz bewusst auf das Thema, das ich schon in einem Brief angesprochen hatte. »Was ist das mit dir und mir?« Er hat darüber klare Gedanken. »Wir sind beide so starke Persönlichkeiten, dass ich mir nicht vorstellen kann, dass es auf Dauer gut geht ... Wir haben viele Berührungspunkte. Aber hinter jedem Punkt verbirgt sich eine eigene Welt. Hier tun sich Problemfelder auf. Was uns zusammenhält, sind mehr unsere Gemeinsamkeiten, als dass wir uns ergänzen.«

Wir schweigen lange, sitzen lange auf der Terrasse. Die geäußerten Gedanken sind schwer wiegend. Es geschieht das, was ich in der letzten Zeit ahnte und befürchtete. Es ist vorbei! Ein tiefer, unsagbar tiefer Schmerz. In mir war eben doch vieles ins Schwingen gekommen. Und irgendwo war es, war er, für mich ein Strohhalm. Tiefer Schmerz – wenn ich irgendwo auch weiß: »Es ist gut so ...«

»Starke Persönlichkeit« – dabei fühle ich mich zurzeit so unsagbar schwach. Und ich muss stark sein, darunter leide ich, denn ich sehne mich nach einem Starken neben mir. Auch kann eine starke Persönlichkeit unter Umständen wirklich ein Hindernis für Ehe sein, doch vielleicht ist es ja auch eine Gabe für die Ehelosigkeit?

Ja, ich habe manches, was mich befähigt, ehelos zu leben. Aber das alles ist für mich zurzeit kein Ersatz, keine Befriedigung für die tiefe Sehnsucht nach inniger, menschlicher Gemeinschaft. »Herr, warum hast du das alles nur zugelassen?« Es hat keinen Sinn, sich mit dieser Frage zu beschäftigen. Es bleiben eigentlich nur Psalm 23 und das Bekenntnis: Er wird alles gut machen – auch unter Tränen.

Es ist so, als ob da eine Tür, die vorher zu war, aufgemacht wurde. Ich dachte, es kommt jemand rein. Aber es kam keiner ... Und jetzt ist solch ein Sturm da draußen, dass die Tür, die nach innen öffnet, nicht wieder zuzukriegen ist ... (24. September 1989)

Ich kämpfte gegen »den Sturm vor meiner Tür«. Diese Zeit war für mich eine besondere Erfahrung. Noch deutlicher als vorher wusste ich, wonach ich mich sehnte, denn ich hatte gemerkt, wie schön es sein konnte ... Mir wurde bewusst, welches Leben in mir steckt, welche Freude, all das, was sonst nur schlummerte ... Ohne Partner – nur ein »halbes Leben«? Wirklich? Kann das sein?

Natürlich gab es auch die Möglichkeit, um einen Partner zu beten. Ich tat es, und zwar so, wie es in manchen Büchern zu lesen ist, möglichst konkret. Was ich dann erlebte, überraschte mich: Mir ging es damit überhaupt nicht gut. Durch das Beten konzentrierte ich mich zu sehr auf dieses Anliegen und meine Situation. Ein emotionaler Sumpf tat sich auf. Dann bat ich Freunde: »Betet ihr doch bitte dafür. Dann kann ich damit aufhören, und es wird trotzdem für dieses Anliegen gebetet.« Das war wirklich die bessere Lösung für mich.

Zeiten des Kampfes

Der Dienst als Pfarrerin forderte mich in vielerlei Weise; mein Leben war umkämpft und angefochten, nicht nur dadurch, dass ich allein war. Es gab Menschen, mit denen ich sehr offen reden konnte. Wie gut! In meinen Kämpfen fand ich immer wieder Freunde und Geschwister, die ein Stück Weg mit mir gingen.

Ich rang nicht nur mit mir selbst und mit dem, was sich in mir regte, sondern kämpfte auch mit dem Gott meines Lebens, dem mein Leben gehörte und von dem ich wusste, dass er mein Leben in seiner Hand hat. Einer meiner Freunde schrieb mir eines Tages in einem Brief: *»Es geht darum, dass du so sehr vertraust, dass du selbst in dem, was du im Grunde nicht willst, Gottes Liebe siehst. Erst dann wirst du sogar wollen, dass das Gefürchtete geschieht ... Das Wollen darf sich nicht auf den gefürchteten Zustand (oder die gefürchtete Zukunft) konzentrieren, sondern auf die Liebe, die sich in ihm offenbart. Durch sie kannst du alles auf dich nehmen. Es ist, als ob der Herr dich fragt: Willst du, dass ich dir eine neue Dimension meines Reiches erschließe, in der dir ein dir unmögliches Leben mit mir zuwächst? Willst du ganz für mich und mein Reich leben?«* (19. August 1993)

Das Gefürchtete wollen – das hieß für mich, das Alleinsein, das Single-Sein wollen ... Das war absurd! Aber wenn es doch das war, was Gott für mich hatte? Vielleicht ging es ja um etwas ganz anderes: Ich sollte mich nicht auf den gefürchteten Zustand konzentrieren, sondern auf die Liebe, die sich in ihm offenbart.

Und da stoße ich auf den Mangel in meinem Herzen, der augenblicklich zum Schrei wird. Mir fehlt genau dieses Vertrauen! Ein Vertrauen, das dann auch will, dass das Gefürchtete geschieht ... Ich will es nicht, weil ich Angst habe. Dass sich seine Liebe in der Ehelosigkeit in besonderer Weise offenbart, das konnte ich früher einmal glauben ... Inzwischen überwiegen enttäuschende Erfahrungen – und die haben Vertrauen zerstört ... (19. August 1993)

Vertrauen – die Frage nach Ehe oder Ehelosigkeit war zur Vertrauensfrage geworden. Es ging um das Innerste meines Lebens, um alles oder nichts, so empfand ich es. Was war meine Beziehung zu Gott wirklich wert? Was machte sie wirklich in meinem Leben aus? Und würde Gott mich tragen? Konnte er es überhaupt, konnte ich es ihm glauben?

Eine Nacht ohne Schlaf, ein Nachmittag ohne Schlaf. Ich kenne diesen Zustand – innerlich bin ich extrem aufgewühlt ... Warum verdüstert der Schatten des Alleinseins so plötzlich und heftig meine Seele und droht mich zu verschlingen?

Eine Freundin spricht davon, dass es nur einen Weg für mich gibt: mich ganz hingeben, mich Gott ganz überlassen. Warum ist Vertrauen so schwie-

rig? Sie sagte: »Der Herr hat eine gute Zukunft für dich. Du bist nicht allein.« Und sie betete um kindlichen Glauben für mich. Eine gute Zukunft, unabhängig davon, ob mit oder ohne Mann, einfach in seiner Liebe. Reicht das nicht aus?

Ich muss mein Misstrauen ablegen, und auch alle Angst, sodass sie mit allen Wurzeln aus meinem Herzen verschwindet. Ich will Gott lieben und in der Liebe zu ihm alles ihm überlassen und sagen, dass ich bereit bin, ohne einen Mann an meiner Seite zu leben – und glücklich zu sein. Ich will nicht, dass mein Glück von Menschen abhängt. Ich will, dass seine Liebe in mir größer wird als mein Schmerz! Ich bitte ihn, dass er meinem Herzen Ohren gibt, seine Liebeserklärungen zu hören ... (22. August 1993)

Es geht zuletzt und zutiefst nicht um die Liebe eines Menschen, sondern um die Liebe zwischen meinem Gott und mir. Ist sie eine »nette Theorie«, ein »schöner Zusatz«, oder wird diese Liebe die Grundlage und das Zentrum meines Lebens? Wenn sie tatsächlich dazu wird, wird auch alles andere seinen Platz finden, dann wird es einen guten Weg geben, wie auch immer er aussehen mag ...

Im Grunde war ich erschrocken darüber, wie viel Schmerz und Angst sich da Bahn gebrochen hatten ... Nach wie vor glaube ich, dass es gut ist, wenn der Schmerz hervorkommt, wenn die Tränen alles rausspülen, was verschließen oder hart machen will. Es geht ums Vertrauen! Als allein stehende Frau glücklich leben. Das ist möglich. Das will ich! Wovon bin ich beeindruckt? Von der Not, die ich empfinde, oder von der Liebe Gottes? (23. August 1993)

Die Frage ist, ob mein Herz meint: »Ich brauche noch mehr«, oder ob mein Herz zur Ruhe kommt, weil es weiß: Die Gnade ist genug! Was brauche ich zum Leben? Reicht mir die Gnade, reicht mir die Liebe Gottes? Damit mir beides genügt, brauche ich mehr als Wissen oder auch Erfahrung. Ich brauche Offenbarung! Die Gnade Gottes muss sich in der Tiefe meines Herzens offenbaren.

Das Alleinsein verwandelt sich, wenn ich beginne zu vertrauen und mich zum Ort der Liebe aufmache. Was ich damals zwischen meinem 19. und 29. Lebensjahr glaubte, will ich jetzt neu erleben, auf neue Weise und in neuer Tiefe. Ich will heute als Single leben, nicht weil das Single-Sein so super ist, nicht weil ich es so toll finde, sondern weil ich die Liebe erleben will, die er, mein Herr und Bräutigam, heute genau darin für mich bereit-

hat. Er verzehrt sich nach mir. Er möchte meine ungeteilte Liebe und möchte sich dieser vergewissern, bevor ich dann vielleicht irgendwann die Liebe eines Mannes empfangen und beantworten darf ... Ich freue mich darauf, seine Liebe ganz neu und intensiv zu erleben.

Mein Ja zur Ehelosigkeit ist heute ein anderes als damals mit 19, weil ich es heute sage als Frau, die wirklich gern Frau sein möchte – und als Frau schön sein möchte ... Jetzt bete ich so: »Dass du das Beste in mein Leben hineinlegst und ich das Beste von dir empfange. Und was das Beste ist, weiß ich nicht! Ich maße mir nicht an, dass ich es wissen könnte! Nur du weißt und kennst das Beste für mich. Und ich traue dir zu, ich vertraue dir, dass du es mir gibst. Bitte stärke mein Herz im Vertrauen. Mache durch deine Gnade mein Herz fest im Vertrauen zu dir. Du hast, gibst und tust das Beste für mich.« Wer das Beste vom Herrn bekommt, wird jeden Augenblick genießen und nicht mehr fragen: »Wie lange noch?« So weicht der dunkle Schatten im Hintergrund, die Wolke ... (23. August 1993)

Ich blickte auf einen Kampf zurück, der sich über Jahre hingezogen hatte. Und ich wusste, es gab ganz spezielle Schlachtfelder. Wie gut haben es die, die jemanden neben sich haben, der ihnen sagt: »Ich hab dich lieb. Du bist wundervoll. Ich brauche dich.« Diese Worte sind wie kostbare Perlen.

Das Du ist für die Ich-Werdung sehr wichtig, damit wir uns zu dem entwickeln, wer wir sind. Und wir sehnen uns nach dem Du, danach, geliebt zu werden. Tief in uns ist die Frage nach unserer Identität, ja, nach unserer Würde angelegt. Es war eine Fülle von Themen, mit denen ich oft rang, und es brauchte Zeit, um langsam zur Wahrheit durchzudringen: Meine Würde liegt nicht darin, verheiratet zu sein, oder in dem, was ein Mann mir geben kann. Nicht darin, dass ich als Frau Kinder geboren habe, sondern dass er, der lebendige Gott, mich geschaffen und mir mein Leben gegeben hat. Er hat zu mir gesagt: »Ich habe dich erlöst, bei deinem Namen gerufen, du bist mein!« (Jesaja 43,1). Kein Mann kann mir meine Würde geben, sondern nur mein Gott.

Es war ein Weg über Jahre, schwer, aber lohnend, und er brauchte Wahrheit. Das ist das Ende vom »Heldentum«, von: »Alles kein Problem. Mein Gott und ich, wir schaffen das. Ich brauche keinen Mann, keinen Partner. Ich genieße meine Freiheit.«

Manchmal konnte ich mich selbst nicht verstehen, warum ich so trostlos, so verzweifelt war. Aber ich lernte, mich ernst zu nehmen. Meinen Schmerz wahrzunehmen, ihn zu- und rauszulassen, mich aber nicht von ihm beherrschen zu lassen.

Es hat was mit Trauer zu tun. Die Seele muss Trauerarbeit leisten, um frei zu werden von dem, was sie nicht hat, aber was sie so gern hätte. Wir kennen das aus anderen Lebenssituationen. Und hier, besonders dann, wenn es einen großen Kinderwunsch gibt und frau sich ausrechnen kann, dass daraus nichts mehr wird, ist das Verlust, existenzieller Verlust. Der muss betrauert werden, wenn die Seele nicht krank werden soll ... Das braucht Zeit, das braucht Barmherzigkeit, das ist Arbeit.

Trauer ist nicht zu verwechseln mit Selbstmitleid. Trauer ist ein Weg. Trauer braucht Zeit. In verschiedenen Etappen kann neue Freiheit zum Leben erlangt werden. Trauer hat ein Ziel. Selbstmitleid ist ziellos, ein Kreisen um sich selbst, ein Baden im Elend, ohne Ende.

Es geht nicht um Gewalt gegen die trauernde Seele, sondern um Liebe zu mir selbst, damit ich wieder frei werden kann. Ich will nicht im Gefängnis einer bodenlosen Traurigkeit sitzen bleiben, sondern die Freiheit von bewältigter Trauer erleben.

Um das eine vom anderen zu unterscheiden, braucht es vielleicht Hilfe. Es ist wertvoll, jemanden zu haben, der mit mir geht und mir hilft, nicht im Sumpf zu versinken, der sich immer wieder auftut und mich runterziehen will. Jemanden, der mit mir geht und barmherzig ist, der sich nicht schämt, mit den Weinenden zu weinen (Römer 12,15). Jemanden, der sich mit mir zusammen um meine Seelsorge kümmert.

Unsere Seele ist kostbar

Es ist meine eigene Verantwortung, mich um meine Seele mit all ihren Wunden zu kümmern. Vielleicht waren da Beziehungen, die mich verletzt haben, Situationen, die mich übermannt haben und die ich später als nicht gut erkannt habe. Vielleicht hatte ich früher wechselnde Partner. Es braucht bereinigte und bewältigte Vergangenheit, um in der Gegenwart wirklich leben zu können.

Wenn es stimmt, und davon bin ich zutiefst überzeugt, dass die geschlechtliche Vereinigung zwischen Mann und Frau nicht nur ein körperlicher Vorgang, sondern zugleich ein seelisches, ja, ein ganzheitliches Geschehen ist, dann ist nach einer Trennung nicht alles vorbei. Meine Seele muss sich von dem, an dem sie hängt, lösen. Und da, wo etwas zerrissen ist, entsteht eine Wunde, die Heilung braucht. Ich muss mich um meine Seele sorgen. Und es ist gut, dafür Hilfe zu suchen und anzunehmen.

Zerbrochene Beziehungen haben oft gebrochene Herzen zur Folge. Es ist für mich immer wieder völlig unverständlich, wie viel Mühe und Aufwand für einen gebrochenen Arm aufgebracht werden, aber wie wenig wir in die Gesundheit unserer Seele investieren. Jeder, der seinen Arm gebrochen hat und damit nicht zum Arzt geht, würde für verrückt gehalten, für leichtsinnig und unvernünftig erklärt werden. Doch der Schmerz ist so unerträglich, dass man ganz automatisch zum Arzt geht. Aber mit einem gebrochenen Herzen? Was machen wir damit?

Einfach weitergehen ... Schmerz runterschlucken, Zähne zusammenbeißen und durch. Sind uns die Spätfolgen bewusst? Ein unbehandeltes, gebrochenes Herz trägt einen Keim des Todes in sich. Die offene Wunde wird immer Kraft rauben, unbemerkt, aber kontinuierlich. Es ist wie eine unerkannte Zyste, ein Abszess, irgendwo im Körperinneren. In der Auseinandersetzung mit diesem Krankheitsherd muss der Körper ständig Energie einsetzen, damit sich die Krankheit nicht weiter ausbreitet, die Erreger nicht den gesamten Körper überschwemmen und umbringen. Eine Seele, die sich fortwährend mit Verwundungen und Vergiftungen auseinander setzen muss, ohne dass Heilung geschieht, wird überfordert. Sie wird ausbrennen und bedrückt, depressiv werden. Spätfolgen sind ganz selbstverständlich.

Es ist immer die Mühe wert, mit dem, was uns getroffen und verletzt hat, sorgsam umzugehen und Heilung zu suchen, damit wir nicht zu Grunde gehen. Es gehört meines Erachtens zu den größten und wichtigsten geistlichen Aufgaben, mit Enttäuschungen richtig umzugehen. Wer sich nach verschiedenen partnerschaftlichen Beziehungen wieder als Single vorfindet und diese Situation leben und meistern will, der muss sich mit dem, was war, auseinander setzen, damit Heilung und Befreiung geschehen können. Damit die Gegenwart frei wird von der Vergangenheit.

Die Gegenwart muss sich aber auch von der Zukunft befreien, um nicht ruhelos, friedlos und unzufrieden zu sein. Unfrieden und Unzufriedenheit gehören eng zusammen. Es ist wichtig, in der Gegenwart des Single-Seins anzukommen und nicht immer auf dem Bahnsteig einer »Vielleicht-Ehe« zu warten. Ehrlich gesagt, ich finde einen Bahnhof sehr ungemütlich. Es ist gut, die ständige Erwartung: »Jetzt kommt der Zug, der mich zur Ehe bringt«, zu verlassen. Aber – kann ich als Single irgendwo wirklich zu Hause sein?

Wer bin ich?

Ich erinnere mich, wie ich bei einem Frauenwochenende eine Vorstellungsrunde erlebte. Fast jede stellte sich so vor: »Ich bin XY, wohne in Z, habe einen lieben Mann und 2 Kinder ...« Über die Frauen selbst erfuhr ich so gut wie nichts. Als die Runde vorbei war, bat ich darum: »Jetzt machen wir das noch mal, und jede sagt bitte noch etwas zu sich ganz persönlich.« Wer bist du ohne deinen Mann, ohne deine Kinder ...? Was gibt dir als Frau Würde und Wert?

Auch werde ich nie vergessen, wie ich an verschiedenen Stellen als »Fräulein Eichler« angesprochen wurde. Ich fand es nicht nur sehr altertümlich, sondern auch völlig unangemessen. Die Zeit, dass »Fräulein« ein Ehrentitel für ledige Damen war, ist schon eine Weile vorbei. Mich erinnerte diese Anrede an einen kleinen »Tante Emma-Laden« aus meiner Kindheit, in dem die Verkäuferin sich zu mir herabneigte und fragte: »Na, kleines Fräulein, was willst du denn?« Auch das war schon lange vorbei.

Ich konnte und musste diejenigen, die mich so anredeten,

zur Rede stellen. »Na ja, du bist doch nicht verheiratet ... Also stimmt das doch.« Sie beharrten ziemlich auf ihrer Position. In dieser Auseinandersetzung wurde mir klar wie noch nie zuvor: Ich bin eine Frau, deshalb möchte ich auch so angeredet werden. Nicht erst durch einen Mann werde ich zur Frau. Ich bin als Unverheiratete nicht nur eine halbe Frau, ein Frau-lein. Nein, ich bin Frau ... und ich kann und ich will es ganz sein.

Dabei kam ich ins Nachdenken, was eine Frau zur Frau macht. Darüber kann man Bücher lesen, bestimmt auch schreiben. Doch eines wurde mir sehr klar: Das Wesen einer Frau besteht unter anderem darin, zu empfangen und sich für dieses Empfangen hinzugeben. In der sexuellen Vereinigung mit einem Mann lebt sie diese Hingabe, um Leben zu empfangen. Wenn das geschieht, gibt sie sich diesem Leben hin, mit allem, was sie ist. Sie trägt es in sich und bringt es hervor. Im Empfangen gibt sie sich hin, und in der Hingabe empfängt sie Leben. Dann gibt sie es wieder hin und empfängt darin Erfüllung. Fruchtbarkeit ist das Geheimnis von Hingabe und Empfangen, und die Sehnsucht danach ist somit etwas zutiefst Weibliches.

Diese Sehnsucht spürte ich auch in mir sehr existenziell. In der Ehe kann sie gelebt und erfüllt werden. Aber sonst – für mich, für andere, die als Single leben und diese Sehnsucht spüren? Hingabe zu leben und darin Frucht hervorzubringen – das wurde für mich zur Vision für mein Leben. Und das ist eine lohnende und eine mögliche Vision, nicht nur für Verheiratete.

Wohin gehöre ich?

Aber es fehlt mir doch so viel. Als Single definiere ich mich über das, was ich nicht habe, oder? Auf meiner Mangelliste stand ein Wort immer ziemlich weit oben: Zugehörigkeit. Wohin gehöre ich? Wo bin ich zu Hause? Eine Frage, die mir vor allem im Blick aufs Alter immer wieder Angst machte. Werde ich allein im Seniorenheim sitzen? Wird man am Ende meine Asche auf die grüne Wiese des städtischen Friedhofs streuen? Das scheint mir eine schlimme und auch ungerechte Perspektive zu sein. Wohin gehöre ich? Es gehört zum Menschsein dazu, dass wir Heimat brauchen.

Und wenn ich dann noch anfange, mir anzuschauen, was andere haben und ich nicht, dann kann ich mein Unglück mit Händen greifen. Nun, ich denke im Blick auf jeden Lebensstand und jede -situation muss man lernen: Wer im Vergleich zu anderen lebt, vergiftet sein Herz und seine Beziehungen. Vergleiche sind wie bitteres Gewürz, das auf Dauer den Geschmack am Leben verdirbt, egal in welchem Bereich. Und es gibt eine Alternative. Ich muss einen Blickwechsel vornehmen.

Ich denke immer noch an eine junge Frau, die schon mit 29 Jahren Witwe geworden war. Mit einer kleinen Tochter stand sie urplötzlich allein da. In der ersten Zeit, so empfand ich, war sie übernatürlich tapfer. Doch die Jahre wurden zur Last. Haus und Hof, die Tochter, der Alltag. Es ging ihr zunehmend schlecht, seelisch, körperlich, rundum. Ich traf mich öfter mit ihr und sah auch keine Lösung. Sie war am Rande ihrer Kraft, sprach dabei aber immer wieder von einem Bibelwort, das sie über lange Zeit begleitet hatte: »Wer Dank opfert, verherrlicht mich und bahnt einen Weg; ihn werde ich das Heil Gottes sehen lassen« (Psalm 50,23; Elberfelder Übers.). Ihr Motto war es geworden, Dank zu opfern. Und sie tat es mit der klaren Absicht, Gott einen Weg zu bahnen, damit er sie sein Heil sehen lässt. Dabei war völlig unklar, wie das aussehen konnte.

»Eine halbe Familie – ein ganzes Unglück«, so erschien es mir oft, wenn ich sie und ihre Tochter erlebte. Wir waren uns einig: Egal wie, Gott wird sein Heil zeigen. Und dann, nach 7 Jahren, ging alles ganz schnell. Die Hochzeit war ein Fest des großen Staunens. Der Weg war gebahnt. Sie und ihre Tochter konnten Heil nicht nur sehen, sondern empfangen.

Es ist eine geistliche Übung, die nicht einfach, aber möglich ist. Manchmal nehme ich mir bei einem Spaziergang oder einem kleinen Lauf vor: Jetzt wird nur gedankt! Am Anfang fiel es mir schwer, da fiel mir gar nicht viel ein. Inzwischen staune ich, wie viele Gedanken und Ideen mir da durch den Kopf und das Herz schießen. Es gibt so vieles, was mir geschenkt ist. Es ist wie beim

Weitsprung. War es früher vielleicht nur 1 Meter, mühsam gesprungen, sind es heute sicher schon 3 Meter. Übung!

Und noch etwas: Plötzlich fiel mir auf, wie sehr mein Mangel mein Leben bestimmte. Immerzu stieß ich auf das, was mir fehlte, auf das, wonach ich mich sehnte, auf meine Wünsche, mein Defizit ... Mein Fühlen, mein Denken, mein Sehnen wurden davon bestimmt. Kann es sein, dass mein Mangel mein Gott ist?

Ja, das kann sein, und das macht das Leben mühsam. Dieser Gott ist ein Tyrann, vor allem ein emotionaler. Hier braucht es Umkehr, radikal. Da geht es um Abkehr von falschen Göttern. Das klingt vielleicht hart. Aber die Botschaft der Umkehr, der Buße klingt immer hart, weil unser Herz nicht nur verzagt, sondern auch trotzig ist. Und beides liegt oft so eng beieinander (vgl. Jeremia 17,9).

In unserer Verzagtheit schleicht sich oft eine ganze Portion Trotz ein, Trotz, der immer zerstörerische Wirkung hat. Solche Rebellion zerstört unsere Beziehung zu Gott vielleicht am meisten. Da schneiden wir ihm den Weg ab zu helfen. In der Auflehnung gegen ihn isolieren wir uns selbst – und das Elend wird noch größer. Da hilft nur eins: Umkehr, Buße. Das öffnet uns die Tür in eine neue Weite hinein, in der ich wieder leben kann. Verzagtheit weicht, wo ich Trotz aufgebe.

Wenn mein Leben vom Mangel und der Sehnsucht nach etwas anderem geprägt sind, muss Freiheit einkehren, ich selbst zu sein. Dann wird es möglich, in der gegebenen Situation auf Gott zu hören und ihn zu lieben. Dann geschieht Heilung und Befreiung zu einem Leben, das nicht vom Mangel beherrscht, sondern von der Liebe Gottes erfüllt wird.

Kapitel 2

Die andere Möglichkeit

Berufen zur Ehelosigkeit

Im September 1977 las ich ein Buch, das meine Geschichte nachhaltig prägen sollte. Ein Bruder aus Taizé, Max Thurian, hatte es geschrieben. Es heißt »Ehe und Ehelosigkeit«. Im Zentrum dieses Buches steht die Ehelosigkeit als Berufung und als Gabe Gottes. Für mich war das nicht sehr überraschend. Da ich meine Kindheit in einem Diakonissen-Mutterhaus erlebte, wusste ich immer, dass es diesen »anderen Stand« gibt. Aber jetzt wurde es persönlich. Was ich da las, ließ mich nicht kalt. Mich elektrisierte das. Und es war für mich wie eine Einladung. Sollte ich diesen Ruf haben, war es mir vielleicht gegeben, dieses Leben zu wählen?

Ich las vom Kirchenvater Chrysostomus: »Gott verweigert diese Gabe niemandem, der ihn beständig darum bittet ... Um aber darum bitten zu können, muss man sie schon in gewisser Weise in Form einer Verheißung oder Neigung erhalten haben.«

Es war zunächst wie ein vager Wunsch, der in mir wach wurde. Der Gedanke ließ mich über Monate nicht mehr los. »Wer es fassen kann, der fasse es«, sagt Jesus, als er über die Ehelosigkeit um des Himmelsreiches willen spricht (Matthäus 19,12). Mir schien, dass ich es fassen konnte. So schrieb ich in mein Tagebuch: *Ich kann es fassen, fasse es und will so gehorsam sein. Jesus hat durch seinen Geist in meinem Herzen bezeugt, dass er für mich alles sein kann und alles sein will ... Ob ich aufrichtig bin, wird sich zeigen, wenn ich Anfechtung erfahre. So mache ich es heute fest vor Gott, der seine Hand auf mich gelegt hat. Er hat sich mir ganz gegeben, und ich darf mich ihm auch ganz hingeben. Wer es fassen kann und es nicht fasst, der versäumt wohl viel.*

Herr Jesus Christus – ich fasse dich. In dir habe ich alles, das Höchste und Schönste. Du erfüllst die Sehnsucht meines Herzens. So brauche ich nichts außer dir. Du hast mich auserwählt, mich gerufen und mich hören lassen. Heute durfte ich dir antworten. Nur du! (30. Dezember 1977)

Es war für mich ein wichtiger Schritt, ein lebensprägendes Ereignis, ganz im Verborgenen, vor nur einer Zeugin, die mit mir gemeinsam an diesem Tag betete und mich für diesen Weg segnete.

Mir war klar, dass es Anfechtung geben würde und dass es wirklich nur ein Anfang war. Ich wusste nicht, wie lange es dauern würde, bis ich in meiner Berufung wirklich ganz leben konnte. Aber ich erlebte das Glück einer Verliebten. Eines Sonntags, ich war bei meinen Eltern zu Besuch, erzählte meine Mutter mir: »Heute hat mich jemand gefragt, ob du dich verlobt hättest. Du strahlst so.« Diese Feststellung war ein Geschenk für mich. Ich fand es genial, dass auch andere etwas von meinem Glück sahen, auch wenn sie es nicht wussten. Warum ich nicht darüber sprach? Hätte es jemand verstehen können? Hätte es jemand »fassen« können? Ich war nicht nur glücklich, ich war auch ein wenig hilflos, und manches auf unserem geistlichen Weg muss tatsächlich verborgen bleiben, zumindest eine Zeit lang.

Ich war erstaunt und erschrocken, wenn manche Brüder und Schwestern, auch Pfarrer, die eine große Liebe zum ganzen Wort Gottes hatten, auf das Thema Ehe und Ehelosigkeit zu sprechen kamen. Plötzlich hatten sie, die sonst im Alten Testament wesentlich weniger zu Hause waren als im Neuen, eine rein alttestamentliche Theologie. Ich habe einige Zeit gebraucht, um zu verstehen, was da eigentlich geschieht.

Manchmal hörte ich Äußerungen, die mich tief kränkten. Es war eine Herausforderung, an den Verletzungen nicht festzuhalten, sondern immer wieder barmherzig zu sein und zu vergeben. Wie gut, dass ich insgesamt mit einem gesunden Humor beschenkt bin. Da konnte ich auch das »Spitzenerlebnis« verkraften, das ich in diesem Zusammenhang hatte:

Eine liebe Schwester mit einem großen geistlichen Dienst im Ausland war in der Prignitz zu Gast. Wir waren uns das erste Mal begegnet und lernten uns in den Tagen ihres Aufenthaltes kennen. Eines Abends fragte sie: »Du bist eine hübsche Frau, warum bist du nicht verheiratet?« »Ach«, sagte ich, »das ist eine lange Geschichte, aber ich denke, es ist die Berufung, die ich von Gott empfangen habe.«

Am nächsten Tag griff sie das Thema noch einmal auf: »In der Bibel steht doch: Es ist nicht gut, dass der Mensch allein sei.« »Ja«, meinte ich, »aber in der Bibel steht auch, dass es Leute gibt, die um des Reiches Gottes willen ehelos bleiben.« Ich zitierte: »Wer es fassen kann, der fasse es.« »Ich könnte das nicht fassen.« – »Brauchst du ja auch nicht«, erwiderte ich. »Ist es nicht manchmal einsam?«, fragte sie weiter. »Ja, klar, aber wie einsam sind manche Verheiratete!« Ich wies sie auf das hin, was Paulus zu dem Thema schreibt, und dass er die Ehelosigkeit in 1. Korinther 7 als Charisma bezeichnet. Daraufhin sie: »Paulus war ein kleiner hässlicher Mann. Aber du bist eine hübsche junge Frau.«

Nun, das Kompliment war ja nett, aber die Aussage als solche war eine Katastrophe und zeigte mir etwas von der gängigen Theologie. Hier war einer gläubigen, vollmächtigen Bibellehrerin passiert, was wir so leicht den »Liberalen« unterstellen. Sie hatte aus der Bibel eine Auswahl getroffen und Unangenehmes oder für sie Unverständliches eliminiert.

Natürlich habe ich Verständnis, wenn man nicht versteht. Aber wie gut, dass nicht unser Verständnis das Maß für Gottes Handeln, Reden und Berufen ist. Immerhin hatte ich an dem Abend mit dieser Begegnung genug Humor und gesundes Stehvermögen, dass ich dachte: »Ach, Schwester, das war ja nun wirklich daneben ...« Ich war dankbar für das, was sich mir erschlossen hatte als unmögliche Lebensmöglichkeit, weil ja schließlich Jesus der ist, der Unmögliches möglich macht.

Was Jesus dazu sagt

Im Volk Israel war Single-Sein undenkbar, unmöglich. Ehe war die von Gott in der Schöpfung gegebene Lebensordnung. Der Mensch war bewusst geschaffen als Mann und als Frau (1. Mose 1,27) und in dieser Ganzheit Ebenbild Gottes. In der Schöpfung schon ist die Zusammengehörigkeit und das Zusammenkommen von Mann und Frau gegeben (1. Mose 2,22-25). Welche Schönheit, welche Kunst Gottes liegt darin! Und es war von vornherein klar: Sie waren einander gegeben, um fruchtbar zu sein, um sich zu vermehren, um die Erde zu füllen (1. Mose 1,28).

Kinder sind eine Gabe Gottes (Psalm 127,3), sind Zeichen des Segens (Psalm 128,3-4). Es ist uns aus dem Alten Testament bekannt, welche Not, ja, welche Schande Kinderlosigkeit für eine Frau bedeutete. Sie war ihrer Würde beraubt, ihr Wert stand in Frage, täglich war sie verzweifelt (z. B. Rahel in 1. Mose 30, Hanna in 1. Samuel 1, Elisabeth in Lukas 1). Das Leben war ohne Ehe undenkbar, ohne Kinder arm und ungesegnet.

Da hinein kommt Jesus und macht Unmögliches möglich. Das macht ja sein Kommen, seine Botschaft, sein Handeln insgesamt aus. Geboren von einer Jungfrau – unmöglich. Vergibt Sündern ihre Schuld – unmöglich. Heilt unheilbar Kranke – unmöglich. Begibt sich in Gemeinschaft von Menschen, mit denen ein Jude nichts zu tun haben sollte – unmöglich. Und er spricht auch von der unmöglichen Lebensmöglichkeit: »Was ich jetzt sage, können nicht alle verstehen, sondern nur die, denen Gott das Verständnis gegeben hat. Es gibt verschiedene Gründe, warum jemand nicht heiratet. Manche Menschen sind von Geburt an eheunfähig, manche – wie die Eunuchen – sind es durch einen späteren Eingriff geworden. Noch andere verzichten von sich aus auf die Ehe, weil sie ganz davon in Anspruch genommen sind, dass Gott jetzt seine Herrschaft aufrichtet. Das sage ich für die, die es verstehen können« (Matthäus 19,11-12; Gute Nachricht).

Diese Aussage Jesu folgt seinen Worten zur Ehe als unverbrüchlicher Schöpfungsordnung. Nichts deutet auf eine Geringschätzung der Ehe hin, nichts davon scheint alt oder überholt zu sein. Nein, das Geheimnis der Ehe – »So sind sie nun nicht mehr zwei, sondern ein Fleisch. Was nun Gott zusammengefügt hat, das soll der Mensch nicht scheiden!« – wird von Jesus so stark dargestellt, dass die Jünger (fast resigniert) meinen: »Dann ist es nicht gut zu heiraten« (Matthäus 19,5-6.10; Gute Nachricht).

Und dann kommt dieses andere Geheimnis, »Wer es fassen

kann, der fasse es«, das Geheimnis des Reiches Gottes, das dazu führen kann, dass ein Mensch sich selbst zur Ehe unfähig macht. Das heißt, jemand verzichtet darauf, bzw. spürt, dass er in sich keinen Raum hat, um dem Geschenk und den Anforderungen einer ehelichen Gemeinschaft angemessen entsprechen zu können.

Jesus spricht darüber, und das, was er sagt, können seine Jünger in ihm selbst sehen. Es verwirklicht sich auch in einigen von ihnen. Doch der Zusammenhang, in dem Jesus dieses Wort sagt, macht zugleich etwas von der Ungrundsätzlichkeit deutlich. Es gibt kein Gebot, sondern Geschenke, die in sich ein Geheimnis tragen, das sich jeweils dem erschließt, der darin lebt: das Geheimnis der Ehe dem Verheirateten, das Geheimnis der Ehelosigkeit dem, »der es fassen kann«. Das eine ist ein Geheimnis des Schöpferwillens, das andere ein Geheimnis des Reiches Gottes (vgl. Matthäus 13,11).

In einer Auseinandersetzung mit den Sadduzäern zeigt Jesus etwas völlig Neues. Die Frage ist, was geschieht, wenn eine Frau mehrmals verwitwet ist und infolgedessen verschiedene Männer geheiratet hat. Wem wird sie in der Auferstehung gehören? (vgl. Matthäus 22,29-30).

Jesus antwortet: »Ihr denkt ganz falsch. Ihr kennt weder die Heiligen Schriften, noch wisst ihr, was Gott in seiner Macht tun kann. Wenn die Toten auferstehen, werden sie nicht mehr heiraten, sondern sie werden leben wie die Engel im Himmel« (Matthäus 22,29-30; Gute Nachricht).

Die Schöpfungsordnung hat ihre Begrenzung. In der Auferstehung findet sie ihr Ende. Dann gelten nur noch die Geheimnisse des Reiches Gottes. Ehelosigkeit ist eine eschatologische Lebensordnung; sie weist hin auf die Zukunft Gottes, die ganz anders sein wird.

Jesus hat es schon damals gesagt: »Ihr kennt weder die Heiligen Schriften ...« Ja, weithin ist die Schrift zu diesem Thema unbekannt. »Und ihr wisst nicht, was Gott in seiner Macht tun kann ...« Wir erahnen meist nicht einmal, dass er ein eheloses Leben möglich macht, und wie er es erfüllen will und kann.

Ehelosigkeit als echte Alternative

»Allerdings wäre es mir lieber, wenn alle ehelos lebten wie ich. Aber Gott gibt jedem Menschen seine besondere Gnadengabe. Den einen gibt er diese, den andern eben andere. Den Unverheirateten und den Verwitweten sage ich: Es ist am besten, wenn sie meinem Vorbild folgen und allein bleiben. Aber wenn ihnen das zu schwer fällt, sollen sie heiraten. Das ist besser, als wenn sie von unbefriedigtem Verlangen verzehrt werden. Wie sollen sich nun aber die unverheirateten jungen Leute verhalten? Ich habe dafür keine Anweisung des Herrn, doch sage ich euch meine Meinung als einer, den der Herr in seinem Erbarmen als vertrauenswürdig erachtet und in seinen Dienst genommen hat. Ich meine also, dass es wegen der bevorstehenden Notzeit das Beste ist, wenn jemand unverheiratet bleibt. Wenn du eine Frau hast, dann versuche nicht, dich von ihr zu trennen. Aber wenn du keine hast, so bemühe dich auch nicht darum, eine zu finden. Heiratest du trotzdem, so ist das keine Sünde, und wenn die junge Frau heiratet, sündigt sie nicht. Ich möchte euch nur die Belastungen ersparen, die jetzt in der Endzeit auf die Eheleute zukommen. Denn ich mache euch darauf aufmerksam, Brüder und Schwestern: Die Tage dieser Welt sind gezählt. Darum gilt für die Zeit, die uns noch bleibt: Auch wer verheiratet ist, muss innerlich so frei sein, als wäre er unverheiratet ... Ich möchte, dass ihr frei seid von falschen Sorgen. Wenn einer unverheiratet ist, sorgt er sich, so zu leben, wie es dem Herrn gefällt. Aber wenn einer verheiratet ist, sorgt er sich um die Dinge der Welt, nämlich wie er seiner Frau gefällt. So zieht es ihn nach zwei Seiten. Ebenso ist es mit der Frau: Wenn sie unverheiratet ist, ist sie darum besorgt, mit ihrem ganzen Tun und Denken dem Herrn zu gehören. Wenn sie dagegen verheiratet ist, sorgt sie sich um die Dinge der Welt, nämlich wie sie ihrem Mann gefällt. Ich sage das nicht, um euch zu bevormunden, sondern weil ich euch helfen will. Denn ich möchte, dass ihr ein anständiges Leben führt und beharrlich und ungeteilt dem Herrn dient« (1. Korinther 7,7-8.25-29.32-35; Gute Nachricht).

Paulus ist ganz sicher kein Ehefeind. Sonst hätte er wohl kaum in seinen Briefen so Vieles und so Gutes im Blick auf die Ehe geschrieben. Die Mühe hätte er sich gespart, wenn er die Ehe als Lebensordnung von vornherein abgelehnt hätte, was ihm als Juden ja letztlich gar nicht möglich und nicht denkbar gewesen wäre. Aber er kennt die neue Lebensmöglichkeit der Ehelosigkeit, und er gibt ihr aus verschiedenen Gründen den Vorrang. Zum einen aus einem ganz praktischen Grund: Es ist einfacher, sich nicht zerteilen zu müssen zwischen den Verpflichtungen, die eine Ehe mit sich bringt, und dem Dienst im Reich Gottes. Es ist einfacher, nicht nach zwei Seiten gezogen zu werden und sich nicht zugleich sorgen zu müssen um die Dinge des Partners und die des Herrn (Verse 32-34).

Zum anderen vergeht die Zeit dieser Welt. Das ist für ihn keine fromme Floskel, sondern reale, konkrete Erwartung. In der Endzeit wird es viel Not geben. Es ist dann leichter, allein zu sein und nicht die Last, die Verantwortung oder auch die Sorge um Ehepartner und Familie tragen zu müssen. So ist es ein Leben mit »leichtem Gepäck«, dem angesichts der Beschwernisse der kommenden Endzeit der Vorzug zu geben ist.

Ich liebe den Realismus des Paulus. Wie viele Pfarrer habe ich beispielsweise unter der Last leiden sehen, zugleich ihrem Amt und ihrer Ehe bzw. Familie gerecht werden zu müssen. Manche Ehe erträgt diese Belastung nicht. Es scheint mir Teil einer speziellen »protestantischen Arroganz« zu sein, wenn wir uns über das Zölibat der Priester in der katholischen Kirche (ver-)urteilend äußern, aber nicht zugleich über die Not von Ehen der Pfarrer und Pfarrerinnen, Pastoren und Pastorinnen in den evangelischen Kirchen reden.

Als ich erst eine kurze Zeit im Gemeindedienst war, sagte eine Frau im Bibel-Gebetskreis zu mir: »Frau Eichler, wir beten um einen Mann für Sie.« Ich guckte sie erstaunt an: »Warum denn das? Wollen Sie mich loswerden?« »Nein, aber es ist doch für Sie allein zu schwer.« Ja, es war schwer. Aber ich wusste auch, dass ich der Zerreißprobe zwischen Ehe, Familie und Pfarramt nicht gewachsen wäre. Für mich waren das tatsächlich zwei verschiedene

Dinge, die sich gegenseitig ausschlossen. Ich wollte mich sehr bewusst nicht nach zwei Seiten ziehen lassen. Und für mich war die Verfügbarkeit aufgrund meines Standes immer ein befreiendes Geschenk, da ich so meinen Auftrag besser erfüllen konnte.

Paulus stellt kein Gesetz auf, es gibt keine Verpflichtung, keine verbindliche Ordnung für Ehelosigkeit. Er will lediglich helfen. Ich finde es wichtig, diese Hilfe zumindest in der Weise anzunehmen, dass die Frage nach Ehe und Ehelosigkeit überhaupt gestellt wird. Es ist nicht biblisch, immer gleich auf der Suche nach einem Partner zu sein, sofort zu fragen, wen ich heiraten soll, ohne überhaupt erst zu überlegen, in welchem Stand ich leben soll – Ehe oder Ehelosigkeit.

Die Entscheidung für die Ehe ist nach der für Jesus Christus die gewichtigste in unserem Leben. Alles andere leitet sich letztlich von dieser Grundentscheidung her ab. Ehe oder Ehelosigkeit prägt unser Leben sehr nachhaltig. Und das kann doch eigentlich nicht dem Zufall überlassen bleiben! Es stimmt nicht, dass es im Reich Gottes die Regel ist, zu heiraten. Jesus hat mir den Blick dafür geöffnet, dass auch etwas anderes möglich ist.

Das Unmögliche wird wieder möglich

Es hatte Jahre gedauert, bis ich diese Möglichkeit auch wieder für mich als Alternative in Betracht ziehen konnte. Der lange Kampf war sehr schwer gewesen. Aber irgendwie war ich auch froh darüber. Ich merkte: Ich bin normal. Ich lernte, andere zu verstehen. Ich begriff tiefer als zuvor: Ich brauche den Herrn.

Der Mensch ist geschaffen für einen anderen, für den, mit dem er eins wird. Und hier fehlt eben was. Es fehlt der, der mal sagt: Ich hab dich lieb und dem ich dasselbe sagen kann. Es fehlt Zärtlichkeit, Anlehnung, die Möglichkeit, sich einem anderen ganz zu schenken. Das ist tatsächlich so! Weil der Mensch so geschaffen ist – auch ich. (18. März 1987)

Ich erlebte in dieser Zeit des Kampfes mein Menschsein, mein Frausein, in einer bis dahin nicht gekannten Intensität. Es war, als ob Leben in mich hineinkam. Ich spürte, dass ich nicht nur Kopf bin, nicht nur Wille, sondern auch Herz und Körper. Es war ein Weg, der aus der mir vorher selbstverständlichen Ehelosigkeit herausführte. Ich zog durch heiße Kämpfe in neu gewonnenes Land. Was zunächst mein Besitz zu sein schien, wurde mein Geschenk, auch wenn ich dafür kämpfen musste.

Ich kann mich noch sehr gut an den Tag erinnern, an dem der Kampf ganz plötzlich, eigentlich auf unfassbare Weise, zu Ende ging. *Ich maße mir nicht mehr an zu wissen, was das Beste für mich ist. Und: Größer als mein Schmerz soll unsere Liebe sein.* (23. August 1993)

Diese zwei Gebete waren ein Durchbruch, so dass mir Unmögliches wieder möglich wurde.

Und ich lernte, dass Schmerz und Liebe immer eng zusammengehören. Sie schließen sich nicht aus, sondern ein. Man sagt ja auch, je größer die Liebe, umso größer der Schmerz. Sollte das nicht in der Liebe zu Gott genauso sein? Fruchtbarkeit ohne Schmerz – die gibt es nicht. Die Sehnsucht nach Hingabe und darin Leben zu empfangen, das Geheimnis der Fruchtbarkeit – das fing damals an, sich mir zu erschließen.

Wenn schon eine verheiratete Frau durch viel Mühe und Schmerz zur Fruchtbarkeit gelangt, wenn sie ein Kind bekommt, sollte ich als Single es da leichter haben? Sollte mir die Frucht vom Himmel in den Schoß fallen? Diese Erwartung ist ganz gewiss unrealistisch und weltfern. Frucht wird, wo Liebe ist. Liebe und Schmerz gehören zusammen. Und wo Liebe und Schmerz sind, da wird Leben freigesetzt.

Ich wusste noch nicht, wie dies genau aussehen würde. Woher auch? Ich sprang nicht gleich 10 Meter weit und hoch. Nicht mehr ich bestimmte darüber, was das Beste für mich war. Ich wusste auch nicht, ob es die Ehelosigkeit sein würde. Ich blieb in Wartestellung, aber ich verließ den Bahnhof. Ich schaute nicht mehr zwanghaft wartend auf den Zug der Ehe, sondern lebte in dem, was mir jetzt gegeben war: Single-Sein.

Damals fing ich an, bei Single-Tagungen mitzuarbeiten. Später lud ich selbst zu welchen ein. Das war immer ein besonderes Abenteuer und ein Geschenk: der Austausch miteinander, die unkomplizierten Begegnungen, die gemeinsamen Erfahrungen. Und es

machte mir Freude, meine persönliche Geschichte und das, was mir zum Geschenk geworden war, mit anderen zu teilen.

Nicht vergessen habe ich einen Nachmittag bei einer solchen Tagung auf dem Dünenhof in Cuxhaven. Die Teilnehmer sollten in kleinen Gruppen verschiedene Situationen des Single-Alltags in Rollenspielen darstellen. Ich war etwas erschrocken über das, was wir zu sehen bekamen. Wie viele Verletzungen geschehen gerade in christlichen Gemeinden, bei Vorbereitungen von Veranstaltungen, in Hauskreisen, völlig ungewollt, richtig ungeschickt?! Ich spürte in mancher dieser kleinen Darstellungen einen gefährlichen Ansatz zur Bitterkeit. Doch zugleich gab es an diesem Nachmittag viel zu lachen, und am Ende sagte ich: »Lasst uns das nie vergessen. Auch wenn manches, gerade im Umgang mit Ehepaaren, schwierig und schmerzlich ist, haben wir heute viel gelacht, und das ist gut so. Das sollten wir uns nicht rauben lassen. Nehmen wir uns doch selbst nicht so ernst.« Die beste Medizin gegen Selbstmitleid scheint mir immer noch Humor zu sein. Und ich glaube, Gott erhört gern ein Gebet, in dem wir ihn um Humor bitten.

Bei diesen Rollenspielen wurde mir auch deutlich, dass wir Barmherzigkeit üben sollten. Wenn wir denen, die uns verletzten, nicht vergeben, schaden wir uns selbst. Und woher und wie sollten besonders die Ehepaare, die sehr jung geheiratet haben, wissen, wie es für Singles ist?

Berufen zum Lieben

Gerade im Zusammenhang mit diesen Tagungen wurde mir deutlich, wie kurz wir denken und lehren, wenn wir nur fragen und überlegen: Wie kann ich als Single (über-)leben? Nein, eine andere Frage muss uns wichtig werden: Welches ist der Lebensstand, der mein Leben wirklich erfüllt? Kann es sein, dass die Ehelosigkeit meine Berufung ist, in der ich zum Blühen komme und Frucht bringen kann?

Ich fing an, mich wieder verstärkt mit diesem Thema zu beschäftigen. Unter dem Eindruck, dass ich als Single nicht (über-)leben kann, hatte ich vor Jahren eine Tür geöffnet. Ein rauer Sturm tobte draußen, und ich konnte sie nicht mehr schließen. Erst jetzt ging die Tür nach und nach zu, und es kehrte wieder Frieden ein. Ich begann die Ehelosigkeit wieder als einen Raum zu entdecken, wo ich leben und lieben konnte.

In der Folgezeit machte ich tiefe geistliche Erfahrungen, und der Eindruck verstärkte sich in mir, dass ich wie eine Braut war, die zwar einen Geliebten hatte, aber sich letztlich nicht auf ihn einlassen konnte. Wenn meine Berufung wirklich die Ehelosigkeit war, dann stand folgende Frage im Raum: Wie und wo kann ich das angemessen leben? Wie kann ich darin wachsen und treu sein, wie kann ich mein Leben gestalten?

Gott sagt: »Ich will mich mit dir verloben für alle Ewigkeit, ich will mich mit dir verloben in Gerechtigkeit und Recht, in Gnade und Barmherzigkeit. Ja, in Treue will ich mich mit dir verloben, und du wirst den Herrn erkennen« (Hosea 2,21-22).

Wenn dieses Wort mir galt, dann musste das auch irgendwelche Konsequenzen haben. Zwar wurde mein Herz sehr angesprochen, und ich freute mich an diesem Wort, aber mehr? Ich war ratlos. Wie konnte ich das leben, was in mir wieder lebendig geworden war?

Verlobt sein ist ein anderer Stand ... Lebe ich diesem Stand gemäß, oder bin ich immer noch viel zu beschäftigt, obwohl mein Liebhaber brennend wartet, mich ganz zu haben? Bin ich eine Braut, die ihren Beruf nicht aufgeben mag? Eine Braut, die nur begrenzt und immer mal zwischendurch Zeit mit ihrem Bräutigam verbringen kann? Muss mein Bräutigam seine Braut mit anderen teilen? Mir ist, als ob der Herr zu mir sagt: »Astrid, wo bist du so lange gewesen? Ich freue mich so, dass du da bist. Ich hab mich so lange nach dir gesehnt. Ich habe Verlangen nach dir, unendliches, ungestilltes Verlangen ...« Es ist, als ob seine Hände mich greifen, seine Arme mich fassen, umfassen, an sich ziehen, lieben ... (4. Mai 2001)

Zunehmend erlebte ich: Ich habe Sehnsucht danach, dass Gottes Sehnsucht gestillt wird. *Wie kann ich die Liebe, die du in mich hineingelegt hast, leben? Ich habe den Wunsch nach Ausschließlichkeit und Verbindlichkeit, die zur Liebe gehören, aber ich will das nicht zur Weltflucht nutzen ... Doch ich frage mich, ob die von Arbeit, Aktionen und Projekten ausgefüllte »freie Single-Existenz« wirklich meiner Berufung und Begabung entspricht.* (13. Mai 2001)

Mir wurde in dieser Zeit sehr deutlich, dass Liebe sich nach Ausschließlichkeit und Verbindlichkeit sehnt. Ich entdeckte so, was zutiefst zum Menschsein gehört und was unserer Art, wie wir geschaffen sind, entspricht. Welches Elend für die vielen, die gerade dies nicht leben können oder wollen, die in Ausschließlichkeit und Verbindlichkeit nur den Verlust von Freiheit sehen. Dabei werden wir doch gerade dann frei, wenn wir dem entsprechen, was uns als Menschen ausmacht.

Ich spürte etwas von der Dynamik der Liebe, die sich nicht darin erschöpft, dass ich ehelos bin, um ungestört für Gott arbeiten zu können. Da, wo Ehelosigkeit auf Zweckmäßigkeit verkürzt wird, wird das Leben recht schnell austrocknen. Es kann und darf in unseren Gemeinden nicht so sein, dass die Singles immer die sind, die die Arbeit tun, für die sonst niemand da ist, da sie ja keine Familie haben.

Mir war in Verbindung mit der Ehelosigkeit immer der Begriff der Verfügbarkeit wichtig. Ja, als Singles haben wir Freiräume und Möglichkeiten zum Dienst, die Familienmenschen nicht haben. Aber mir wurde auch bewusst: Die tiefste Erfüllung für Singles, die ihren Stand von Gott annehmen oder die eine klare Berufung zur Ehelosigkeit haben, liegt nicht darin, viel zu arbeiten, sondern viel zu lieben. Nicht die Pflicht, Gott zu dienen, macht diese Berufung aus, sondern die Freude, ihn zu erfreuen.

Sehnsucht

Sehnsucht wurde für mich ein Leitbegriff in meiner Existenz als Single. Sehnsucht – etwas, was schmerzlich ist, aber zugleich unsagbar lebendig.

Oh Herr, was ist meine Sehnsucht nach dir gegen deine Sehnsucht nach mir? (2. September 2001). *Sei du mir, Jesus, was kein Mensch mir sein kann. Sei du mir alles in allem und das immer mehr ...* (3. September 2001)

In der Zwischenzeit war ich skeptisch geworden im Blick auf manche Lieder und Gebete, die uns manchmal so leicht über die Lippen gehen: »Jesus, du bist alles für mich ...« Das klingt so schön. Doch können wir auch wirklich dazu stehen? Nicht, dass ich meine, wir sollten so etwas nie wieder sagen oder singen. Aber manchmal denke ich: Vorsicht, Leute! Lasst uns nicht so viele große Worte machen. Haben wir Acht, dass unser Herz mit unseren Worten in Einklang steht ...

In dieser Zeit entdeckte ich ein Buch, das für mich sehr wertvoll wurde: »Ganz leise wirbst du um mein Herz« von Brent Curtis und John Eldrege. In diesem Buch geht es in besonderer Weise um die Sehnsucht, die tief in unserem Herzen schlummert und die uns zur Erfüllung unseres Lebens bringen kann. In einem Abschnitt zur Identität heißt es: »Meine tiefste und wahrste Identität ergibt sich aus der Wirkung, die ich auf die bedeutendste andere Person in meinem Leben habe« (S. 128). Das faszinierte mich. Dann ging es doch darum, dass ich begehrt bin von der bedeutendsten Person des Kosmos! Unglaublich!

Ich bin begehrt! Er, der Herr aller Herren, will mich für sich in seiner Nähe. Er sehnt sich nach mir. Er will mich. Die Sehnsucht, die Gott in unser Herz gelegt hat nach Intimität, Schönheit und Abenteuer, diese Sehnsucht nicht zu töten, sondern zuzulassen ist wie ein Weg hin zu Gott, heraus aus unseren kleinen Geschichten in denen wir uns eingerichtet haben, hinein in die große Geschichte, die er vorbereitet hat ... (10. Februar 2003). Und diese »große Geschichte« ist eine Liebesgeschichte ...

Ein Höhepunkt dieses Buches ist für mich die Schilderung eines möglichen Gesprächs zwischen einem verliebten Paar (S. 207):

»Sie: Ich freue mich so auf unsere Hochzeit. Ich liebe dich so sehr. Ich wünschte mir, ich könnte dich öfters sehen. Es gibt so vieles an dir, was ich besser kennen lernen möchte.

Er: Ja, Liebes, ich weiß. Ich werde dir ein Buch schicken, in dem mein Leben ausführlicher beschrieben wird. Ich bin sicher, das wird dir eine Menge beibringen.

Sie: Ich werde es gern lesen. Aber ich möchte einfach nur deine Hand halten ... ich möchte dich einfach nur küssen.

Er: Das glaube ich, Schatz. Ich habe eine sehr gute Kassette über die Rolle der körperlichen Zärtlichkeit in verschiedenen Stadien der Verlobungszeit. Die werde ich dir schicken. Ich bin sicher, du wirst sie sehr interessant finden.

Sie: Das ist wunderbar, Liebling. Aber weißt du, ich freue mich einfach so auf unseren Hochzeitstag. Ich wünsche mir so, bei dir zu sein. Ich stelle mir vor, wie es sein wird, wenn wir Tag und Nacht zusammen sind.

Er: Ja, Intimität ist sehr wichtig. Ich würde dich gern auf ein Seminar schicken, auf dem du sicher viel darüber lernen kannst.

Spätestens jetzt würden die meisten von uns sagen: Was ist das für ein Stoffel ... Doch genauso gestalten wir oft unsere Liebesbeziehung mit Gott. Wir stellen ihn uns so ähnlich vor wie diesen Mann ...«

Gott aber ist ganz anders! Wenn wir den Gott der Bibel kennen lernen und vor allem das Alte Testament studieren, dann werden wir entdecken, dass Gott ein leidenschaftlicher Liebhaber ist. Die alttestamentlichen Propheten stellen Gott immer wieder so dar; als Ehemann, als einen, der um seine Braut eifert. Und wenn wir das Hohelied Salomos lesen, sehen wir etwas von der Sinnlichkeit Gottes, die in seiner Leidenschaft ruht: »Liebe ist stark wie der Tod und Leidenschaft unwiderstehlich wie das Totenreich. Ihre Glut ist feurig und eine Flamme des Herrn, so dass auch viele Wasser die Liebe nicht auslöschen und Ströme sie nicht ertränken können.« (Hoheslied 8,6b-7a)

Dieses Wort gewann in meinem Leben mehr und mehr an Bedeutung. Leidenschaft, so hat es einmal jemand gesagt, heißt: »Ich kann nicht anders!« Zuerst ist da die Leidenschaft Gottes. Er kann nicht anders, als uns zu lieben, weil er Liebe ist. Er ist uns zärtlich zugewandt und leidet um uns. Gott möchte, dass wir auf seine Liebe antworten und ihn zurücklieben, damit seine Sehnsucht gestillt wird. Wenn ich ihm begegne, will er seine Liebe in mich hineinlegen, und diese Liebe ist immer leidenschaftlich.

Da erschließt sich mir, was es heißt, ein ungeteiltes Herz zu haben. Das ist eine reale Lebensmöglichkeit, in der wirklich Leben drinsteckt – nichts Schales, Langweiliges, Graues, Bedauernswertes ... Nein, wenn das Feuer der Leidenschaft in meinem Herzen für ihn brennt, verzehrt es mich fast, und das darf es auch. Denn ich bin einzig für ihn.

»Wer es fassen kann, der fasse es.«

Kapitel 3

Das volle Leben

Ihn erkennen

Jesus Christus spricht: »Ich bin gekommen, damit sie das Leben und volle Genüge haben sollen« (Johannes 10,10). Dieses Wort habe ich als Single immer als Provokation empfunden. Kann denn das sein? Volle Genüge, Überfluss, Fülle ... Schöne Worte, aber gibt es das für Singles? Der Satz Jesu stammt aus seiner Hirtenrede, in der er sich selbst als guten Hirten bezeichnet: » ... Ein Dieb kommt nur, um zu stehlen, zu schlachten und umzubringen. Ich bin gekommen, damit sie das Leben und volle Genüge haben sollen. Ich bin der gute Hirte. Der gute Hirte lässt sein Leben für die Schafe ...« (Johannes 10,10-11).

Ein Dieb kommt, um zu stehlen. Fühlen wir uns als Singles manchmal wie Leute, die bestohlen worden sind? In unserer Vorstellung ist es manchmal sogar Gott, der uns bestohlen hat, der uns das Gute und das, was wir zum Leben brauchen, nicht gönnt ... Gott, ein Dieb des Lebens. Es lohnt sich, diesen Gedanken (oder oft sind es viel mehr ganz tief sitzende Empfindungen) nachzugehen. Das Gefühl, bestohlen worden zu sein, kann unser Leben vergiften. Die schädlichen Wurzeln reichen tief hinab und verderben alles ... Viel stärker ist das vielleicht noch bei denen, die tatsächlich einmal die »Fülle« erlebt haben und die dann durch Scheidung oder durch Tod ihres Partners beraubt worden sind.

Lassen wir dieses Gefühl, diese tief sitzenden Empfindungen einmal zu, lassen wir sie los, sagen wir Gott, wie wir ihn empfinden und erleben. Er hält das aus, sogar, wenn wir ihm Unrechtes sagen. Ja, er verdammt uns nicht. Schreien wir ihm unseren Schmerz entgegen. Werden wir wahrhaftig mit ihm, mit uns selbst, mit dem, was in uns ist, denn: »Ihr werdet die Wahrheit erkennen, und die Wahrheit wird euch frei machen« (Johannes 8,32). Dieses Wort Jesu gehört für mich zu den Kostbarkeiten auf meinem Weg mit ihm. Die Wahrheit macht frei. Und es ist immer zum einen die Wahrheit über mich selbst und zum anderen die Wahrheit über ihn. Wenn ich ehrlich werde mit meiner Angst, meinem Schmerz, meiner Trauer und meinen Verletzungen und alles in sein Licht bringe, dann wird er mir mit seiner Wahrheit begegnen und mich heilen und befreien. Und seine Wahrheit ist, dass Jesus tatsächlich gekommen ist, damit wir Leben und volle Genüge haben, volles, erfülltes Leben.

Doch so lange, wie in mir alles Mögliche wuchert und versteckt ist, hat seine Wahrheit gar keinen Platz in mir. Dann habe ich in meinem Kopf vielleicht schöne, fromme Gedanken, ich weiß, was ich glauben muss, ich kann fromme Worte ohne Ende reden, aber mein Herz ist verkümmert, wie leblos und erstarrt, weil es die Wahrheit Gottes nicht kennt. Ich muss, ja, ich darf mein Innerstes ans Licht bringen, damit seine köstliche Wahrheit Platz bekommt, sodass ich ihn erkenne, wie er wirklich ist.

Immer wieder fasziniert mich, dass es im hebräischen Wortschatz dasselbe Wort für »erkennen« und die geschlechtliche Vereinigung zwischen Mann und Frau (jda) gibt. Biblisches Erkennen hat nicht im Kopf seinen Platz, sondern ist ein ganzheitliches Geschehen, dass auch die körperliche Dimension erfasst. Dafür fehlen mir die Worte, aber ich bekomme hier eine Ahnung, wie Gott Leben meint und wie in ihm alles eins ist, Geist, Seele und Körper untrennbar zusammengehören. Und ich glaube, je mehr wir in diese Ganzheit hineinfinden, hineingeboren werden und unser Leben ganz wird, umso mehr wird es auch Leben in Fülle und voller Genüge. Hier wird auch die oft so selbstverständliche und unmerkliche Trennung zwischen Glauben und Leben, zwischen Christsein und Alltag aufgehoben.

Unser Christsein, unser Glaube, kann und darf nicht etwas »Zusätzliches« in unserem Leben sein, so wie eine schöne Zugabe, die Sahne auf dem Kuchen oder die Marmelade auf dem Brot. Nein, Christsein nach biblischem Maßstab ist das Eigentliche, das Ganze. eben der »Kuchen« oder das »Brot« selbst. Es geht darum, dass Christus mehr und mehr »in uns Gestalt gewinnt« (Galater 4,19).

Angekommen!

Wie kann ich das leben, was in mir ist? Wo bin ich zu Hause? Wie kann ich in meinem Stand die Fülle leben und erleben, mit anderen Leben teilen?

Diese und andere Fragen beschäftigten mich zunehmend. Dann bekam ich die Gelegenheit, mich im Rahmen eines Studienurlaubes intensiv mit der Form des kommunitären Lebens zu beschäftigen.

Das Leben nach den so genannten »evangelischen Räten« (Armut, Keuschheit und Gehorsam) ist in der katholischen Kirche über Jahrhunderte hinweg eine durchaus übliche und verbreitete Lebensform geblieben, während es in den Kirchen des Protestantismus eher verdrängt, belächelt, aber auch wieder entdeckt worden ist. Gerade nach dem 2. Weltkrieg entstanden auch im deutschsprachigen Raum einige klosterähnliche Gemeinschaften innerhalb der evangelischen Kirche.

Ich besuchte verschiedene solcher Gemeinschaften, und ich las theologische Literatur zu diesem Thema, ganz besonders zu den evangelischen Räten.

Da habe ich also erneut im Buch von Halkenhäuser, Kirche und Kommunität, gelesen. Und wieder ist es so, dass ich in meinem Herzen eine tiefe Resonanz spüre. In mir klingt es: »Ja, so ist es. Ja, das will ich. Ja!« Und dann lege ich das Buch zur Seite und denke: »Das ist genau wie damals vor nun schon 26 Jahren, als ich von einem Bruder aus Taizé das Buch Ehe und Ehelosigkeit las. Es ist der gleiche Klang in meinem Herzen ... Ehelosigkeit als das ganze Ja zum Herrn, und ausschließlich für ihn zu leben und verfügbar zu sein ...« (18. März 2004)

Ich machte Exerzitien – eine Zeit im Schweigen, in der Stille, mit biblischen Betrachtungen und viel Zeit im Gebet, begleitet von einem erfahrenen Bruder. Danach lag »es« vor mir wie ein ausgegrabener Schatz, ausgegraben aus dem Acker meines Lebens: Mit neuer Freude und großer Klarheit wusste ich jetzt, dass es tatsächlich meine Berufung ist, ehelos zu leben, zu bleiben und darin die Fülle des Lebens zu empfangen.

Ich habe den Eindruck: Jetzt bin ich angekommen. Er hat an dem, was er mir vor Jahren als Berufung gegeben hat, festgehalten. Wie gut! (5. Mai 2004)

In den folgenden Monaten machte ich mich auf den Weg zu einer Gemeinschaft, die ich zuvor näher kennen gelernt hatte. Die Gemeinschaft Chemin Neuf ist eine katholische Gemeinschaft, 1973 in Frankreich entstanden, die eine ökumenische Berufung lebt. Das heißt, die Mitglieder kommen aus den verschiedensten Kirchen aus der ganzen Welt. Es gibt dort Männer und Frauen, die verheiratet sind, andere, die als Single noch nicht endgültig Klarheit über ihren Lebensstand haben oder die in ihrer Berufung zur Ehelosigkeit als Zölibatäre leben.

Ich wollte in den kommenden Jahren prüfen, ob diese Gemeinschaft für mich der Ort meines Lebens werden und sein könnte. Also begann ich ein Postulat. Ich erfuhr, dass das »Engagement« (Versprechen oder Gelübde) für die Zugehörigkeit zur Gemeinschaft und das »Engagement« für die Ehelosigkeit nicht unbedingt zeitgleich geschehen. Ich fragte, ob ich nicht nach all dem, was ich erlebt hatte und was in meinem Herzen jetzt im Blick auf meinen Ruf klar war, das Engagement für die Ehelosigkeit ablegen könnte. Es war eher ungewöhnlich und normalerweise nicht üblich, dies so kurz nach dem Beginn des Weges in der Gemeinschaft zu tun. Aber als ich noch einmal anfragte, gab es ein klares und frohes Ja zu meinem Wunsch, und ein großes Fest wurde gefeiert.

Zugleich hatte sich ein Ehepaar nach vielen Jahren Zugehörigkeit zur Gemeinschaft entschieden, nun ein Engagement auf Lebenszeit einzugehen. Während der feierlichen Messe in einer großen katholischen Kirche in Berlin unter Leitung des Kardinals und Bischofs legte auch ich als evangelische Pfarrerin mein Engagement für die Ehelosigkeit ab. Das war ein besonderes Ereignis, ungewöhnlich und zeichenhaft. Vorher war ich unsagbar aufgeregt, so wie ich es von mir eigentlich gar nicht kannte ...

Was für eine Liebesgeschichte! Nach 27 Jahren soll es jetzt (endlich) so weit sein, dass unser Bündnis öffentlich und offiziell wird. Ich bin sehr froh. (27. September 2004)

Liebe strebt nach Verbindlichkeit, die Teil ihres Wesens ist, dessen bin ich sicher. Und ich glaube auch, dass es zur »Fülle« des Lebens gehört, sich verbindlich zu machen und verbindlich zu leben. So jedenfalls konnte ich meine Freude über dieses Geschehen spüren und verstehen.

Es war ein besonderer Augenblick, als ich die mir vorgegebenen Worte sprach und daraufhin ein Kreuz als sichtbares Zeichen für diesen Bund erhielt: »Guter Vater, in meiner Schwachheit und meiner Armut hast du mir deine Liebe gezeigt. Empfange heute mein ganzes Leben in der Freude und der Danksagung. Vor meinen Geschwistern antworte ich ganz frei auf den Ruf deines Sohnes und engagiere mich, ihm in der Keuschheit, der Armut und dem Gehorsam nachzufolgen. Sende deinen Heiligen Geist, dass er mich führe, damit ich dieses Engagement als Zeichen des Reiches und für den Dienst der Kirche leben kann.«

»Empfange dieses Kreuz als Zeichen deines Rufes, dem armen und demütigen Christus nachzufolgen. Sei treu im Gebet, fröhlich in der Hingabe, ausdauernd in der Liebe und immer bereit, von deiner Hoffnung Zeugnis zu geben ...«

Ein tiefer Wunsch erfüllte sich mir. In dem sichtbaren Akt und diesem Zeichen, das ich erhielt, wurde offenbar, dass ich einen Ruf empfangen hatte, auf den ich mich eingelassen habe. Es wurde deutlich für mich und für alle anderen, dass ich nicht einfach »übrig geblieben« war, sondern dass ich von der Liebe Gottes getroffen und beschlagnahmt wurde. Da Liebe auch etwas mit Ausschließlichkeit zu tun hat, war dies für mich auch ein Zeichen dafür: Ich bin nicht mehr zu haben. Ich bin vergeben an den, der mich liebt. Ich spürte etwas von der Würde des Standes der Ehelosigkeit.

Würde und Wert

Diese Würde ist so kostbar und wird oft so wenig geschätzt. Sie hat noch viel tiefere Wurzeln. Letztlich liegt unsere Würde nicht in unserem Stand, nicht in unserer Arbeit, Position oder Leistung. Nicht mal unser Einsatz, unsere Arbeit im Reich Gottes, gibt uns Würde, sondern einzig und allein unsere Gotteskindschaft. Eigenartigerweise ist gerade der Bibeltext, in dem es um Kinder geht, für mich zu einer Schlüsselstelle im Leben als Single geworden.

»Und sie brachten Kinder zu ihm, damit er sie anrühre. Die Jünger aber fuhren sie an. Als es aber Jesus sah, wurde er unwillig und sprach zu ihnen: Lasst die Kinder zu mir kommen und wehret ihnen nicht; denn solchen gehört das Reich Gottes. Wahrlich, ich sage euch: Wer das Reich Gottes nicht empfängt wie ein Kind, der wird nicht hineinkommen. Und er herzte sie und legte die Hände auf sie und segnete sie« (Markus 10,13-16).

Ist es nicht so, dass eines der großen Probleme von Singles Minderwertigkeitsgefühle sein können? Übrig geblieben fühlt man/frau sich nicht begehrenswert, nicht attraktiv, nicht liebenswert, nicht würdig. Unsere Gesellschaft ist stark davon geprägt, dass Wert oder Würde aus Leistung oder Status gezogen werden. In unseren Gemeinden ist das nicht viel anders. Das Leistungsprinzip sitzt tief in uns drin und macht vor den Kirchentüren nicht halt. Und der Status, der in der Gemeinde, in unseren »frommen Kreisen«, scheinbar am besten aussieht, ist wohl der Stand der Ehe, am besten mit »lieben Kindern« – das macht was aus uns.

Halt! Es geht um das Sein, gerade im Reich Gottes. Unsere Identität jenseits von unserem Tun und unserem Stand ist wichtig. Jesus stellt klar: Den Kindern gehört das Reich Gottes (Markus 10,14) bzw. »Wer es nicht empfängt wie ein Kind, wird nicht hineinkommen« (Vers 15). Reich Gottes ist für mich der Inbegriff von Leben, von Heil, von Fülle, von »Frieden und Freude« (Römer 14,17). Das kann man nur empfangen. Da hören die Wirkkräfte von Leistung und Status auf, und wir sind alle gleich: Gerufen, um zu empfangen wie Kinder!

Und dann: »Er herzte sie ...« (Vers 16). Das spricht mich ganz tief an. Jesus wendet sich mit Zärtlichkeit den Kindern zu. Er ist nicht der sachliche Prediger, der distanziert für die rechte Lehre streitet, sondern er wendet sich den Kindern zu, zärtlich, liebevoll und wirbt bei den Erwachsenen darum, dass sie wie die Kinder von ihm empfangen.

Kinder leben in der Gegenwart. Da ist es wieder: Um in der Gegenwart erfüllt und froh leben zu können, brauche ich eine bewältigte Vergangenheit, die Bereinigung gewesener Beziehungen, die Heilung verletzter Gefühle und Befreiung von tiefen Enttäuschungen. Ja, es braucht auch Heilung im Blick auf verletzende Erfahrungen mit Ehepaaren, vom Frust in der Gemeinde. Barmherzigkeit und Vergebung in meinem Herzen sind nötig. Und ich muss den Mut aufbringen, die Zukunft ihm zu überlassen. Kinder leben in der Gegenwart – und das macht ihr Leben so frisch, so unmittelbar. Es geht um das Vertrauen als die wesentliche Grundlage für ein Leben in Fülle. Und das ist für Verheiratete und Singles dieselbe Herausforderung.

Vielleicht ist es nicht einfach und dauert lange, unser Vertrauen in Gott (wieder-)herzustellen. Aber der Weg und die Mühe lohnen sich, denn es geht um die Fülle, die Jesus für uns bereithat. Gleichen wir manchmal vielleicht trotzigen Kindern, die vorwurfsvoll irgendwo stehen, mit den Füßen aufstampfen und meinen: »Für mich gilt das aber nicht«? Es lohnt sich, diesen Trotz rauszuschreien, rauszuweinen, es lohnt sich zu sagen, wie mir zumute ist, aber nicht dabei stehen zu bleiben.

Mir war überaus deutlich geworden: Die Frage ums Single-Sein ist für mich letztlich eine Vertrauensfrage. Ich habe erlebt, wie Gott um mein Vertrauen wirbt. Bin ich bereit, mich darauf einzulassen? Gebe ich ihm eine Chance, mir seine Vertrauenswürdigkeit zu erweisen? Ich kann ihm vertrauen, weil er mich grundlos und leidenschaftlich liebt.

Liebe und Verliebtsein

»Wer nicht liebt, hat kein Dasein, ist nicht da, ist gestorben. Wer Lust zu lieben hat, steht von den Toten auf, und nur wer liebt, ist lebendig.« (Robert Walser)

Das Geheimnis menschlichen Lebens ist die Liebe, und damit ist nicht gemeint, was heute weithin dafür verkauft wird. Ich bin immer wieder erschüttert, wie sehr die Liebe in unserer Gesellschaft verdreht wird, wie viel uns da gestohlen worden ist. Der »Dieb« ist erfolgreich gewesen (vgl. Johannes 10,10).

In meiner Arbeit mit Fußballern und später im Gefängnis habe ich gelernt, gleich zu erklären, was ich nicht mit Liebe meine, wenn ich über sie spreche. Das ist nötig. Denn weithin wird heute das Wort Liebe als Synonym für »miteinander schlafen« gebraucht. Mir wurde das erschreckend klar, als ich mit einer Frau sprach, deren Ehe ein einziges Drama ist, und sie fragte: »Aber früher haben Sie und Ihr Mann sich doch geliebt?« Ihre Antwort: »Ja, aber nur zweimal.«

Liebe ist mehr, und Liebe ist anders, als miteinander zu schlafen. Auch wenn die sexuelle Gemeinschaft zwischen Mann und Frau ein wunderbarer Ausdruck der Liebe ist, ist das nicht alles. Sonst würde es tatsächlich stimmen, dass Singles arm dran sind, zumal dann, wenn sie den Ort für sexuelle Beziehungen ausschließlich in der Ehe sehen. Liebe ist mehr.

»Offensichtlich weiß der Mensch in seinem Innersten, dass sein Leben nur dann gelingt, wenn er liebt und geliebt wird, wenn er Liebe erfährt und Liebe schenken darf ... Ohne Liebe kann man zwar große Werke schaffen, kann berühmt und bewundert werden, aber man kann ohne Liebe nicht erfüllt leben ...« (Anselm Grün, »Im Haus der Liebe wohnen«, S. 11)

Zur menschlichen Liebe gehört die Erfahrung des Verliebtseins als eine besondere Zeit der Verlebendigung dazu. Da beginnen Quellen in mir zu sprudeln, von denen ich vorher nicht wusste, dass sie da sind. Da gewinnt neue Kreativität Raum. Da wird es Frühling in meiner Seele. Was, wenn ich das als Single nicht erleben kann oder nur unter Schmerzen, wenn der Betreffende verheiratet ist und es daher nicht sein darf? Geht mir nicht Wesentliches verloren, wenn ich Verliebtsein in meinem Leben nicht erfahren kann, wenn es keinen Platz dafür gibt?

Die Bibel spricht von Gott als Liebhaber. Sie zeigt Gottes Leidenschaft auf. Der Heilige Geist trägt in sich die Kraft der Liebe Gottes. Er ist das Feuer, das auf Menschen kommt und ihr Leben verändert, erneuert, beansprucht, erfüllt. Sollte nicht der Heilige Geist in uns das vollbringen können, was unsere Seele lebendig macht: Verliebtsein in Gott? Das ist nicht weniger lebendig als »normales« Verliebtsein. Sehnsucht, Verlangen, übersprudelnde Freude – er, der uns Menschen geschaffen hat mit all der Vielfalt unserer Empfindungen und Gefühle, kann dies allemal in uns hervorbringen. Halten wir uns ihm hin, damit er in uns wecken kann, was er bereits in uns hineingelegt hat.

Das ist nicht so sehr eine Sache von Bibelstudium und akkurat geführter Stiller Zeit, sondern eine Sache des Herzens, ja, sogar ein Ereignis, das uns widerfährt, das wir aber unterstützen können. Festliche Ereignisse brauchen Vorbereitung. Deshalb ist es nötig, dass Gott mein Herz auf seine Liebe vorbereitet: Es dauert, um ein Herz zu reinigen und zu bereiten, damit es ihn sucht, wie er wirklich ist. Und das ihn dann auch so sein lässt, wie er wirklich ist; nicht durch die eigene Theologie eingeschränkt, in Abgrenzungen und Richtigkeiten. Gott möchte für mich so sein, wie er wirklich ist, ein leidenschaftlicher Liebhaber, der mich ganz gewinnen will.

»Gottes Liebe ist nicht etwas rein Gedankliches. Sie ist erfahrbar, gerade in der Schöpfung, gerade in der Sonne, die mich durchstrahlt, oder im Wind, der mich zärtlich streichelt. Gottes Liebe braucht genauso wie die menschliche Liebe Gesten der Zärtlichkeit. So eine zärtliche Geste ist für mich der Wind, der zart über meine Haut streicht, die Blume, die mich anblickt, die Sonne, die mich wärmt ... Sonne und Wind allein können diese Erfahrung der göttlichen Liebe nicht wecken. Aber wenn ich an diese Liebe glaube, kann ein warmer Sonnenstrahl mir diese Liebe vermitteln, wenn ich mich mit allen Sinnen der Sonne und dem Wind aussetze und mich darin von Gott selbst berühren lasse.« (Grün, Im Haus der Liebe wohnen, S. 52)

Ich werde nie vergessen, wie ich während eines Urlaubs, den ich allein an der Ostsee verbrachte, die Liebe Gottes auf überwältigende Weise erfuhr, als ich den Sonnenuntergang betrachtete. Vorausgegangen waren Tage, in denen ich äußerlich und innerlich zur Ruhe gekommen war. Ich hatte viel gelesen, viel nachgedacht, das vergangene Jahr betrachtet, gebetet. Und dann saß ich auf der Promenade, schaute über das Meer, sah die untergehende Sonne und wurde überwältigt von dem tiefen Gefühl des Einsseins mit Gott. Er und ich – es war alles ausgesprochen, was gesagt werden musste, versöhnt, befriedet. Er hatte mich in Liebe angeschaut und mir war, als würde er mir sagen: »Es ist alles sehr gut.« Ein übernatürlicher Friede strömte in mein Herz, und ich konnte in allem Sinn sehen. Nichts ist vergeblich, was in Liebe geschieht. Es war eine Erfahrung, die mein Herz tief berührte und in der ich auf eine für mich neue und tiefe Weise lebendig wurde. Ich war wie frisch verliebt in den, der alles gut macht.

Sexualität – Ausdruck unseres Wesens

»Immer wenn ein Mensch ganz und gar von etwas ergriffen wird, wird auch sein Leib davon berührt. Wenn ich an Gott nicht nur mit dem Kopf glaube, sondern in meinem Herzen und mit all meinen Sinnen erfahre, dann wird davon der ganze Leib betroffen.« (Grün, Im Haus der Liebe wohnen, S. 76)

Die Mystiker verschiedener Jahrhunderte haben in ihrer Hingabe an Gott übereinstimmend die Erfahrung gemacht, dass die Liebe Gottes ihre ganze Existenz betrifft. Die Trennung zwischen Körper und Geist wurde in der überwältigenden Erfahrung der Begegnung mit dem liebenden Gott überwunden.

Häufig haben sie ihre Liebe in einer erotischen Sprache beschrieben. Das klingt für uns heute vielleicht befremdlich oder gar abstoßend. Damit haben wir teil an dem, was die geschichtliche Entwicklung in Kirche und Gesellschaft mit sich gebracht hat. Uns ist die biblische Einheit des Menschen als ganzes Geschöpf verloren gegangen. Die Leiblichkeit, somit auch der sexuelle Teil des Menschen, ist in Verruf geraten, »unrein« geworden. Was unsere Gesellschaft inzwischen prägt, ist eine Erotisierung, die unerträglich geworden ist, weil sie von Sünde gezeichnet ist.

Die Sünde ist hier wie überall die Trennung von Gott. Der Mensch benutzt seine Sexualität zur Befriedigung seiner körperlichen Triebe und Bedürfnisse. In seinem sexuellen Verhalten, so kommt es mir manchmal vor, ist der Mensch zum Tier geworden, da er Sexualität von dem Geheimnis abtrennt, das einer Beziehung, die von Liebe getragen wird, innewohnt.

Im Verlust dieses Geheimnisses ist die Sexualität ihrer Schönheit beraubt worden. Der Adel der Hingabe, und damit der Gottähnlichkeit, ist verloren gegangen. In der Sünde entartet, ist sie »unrein« geworden. Dieser Makel überschattet unser Reden, unseren Umgang mit unserer Geschlechtlichkeit, mit unserem Körper. Da gibt es auch in Gemeinden viel Unklarheit, viel Frucht der Sünde, und aus Angst vor der Sünde viel Gesetz.

Eigentlich geht es darum, dass wir als Christen die Schönheit und Reinheit der Sexualität wiedergewinnen und in unserem Leben wiederherstellen. Gott schuf uns nicht als Mann und als Frau, als geschlechtliche Wesen, um uns damit zu quälen und uns etwas zu geben, gegen das wir kämpfen müssen, sondern weil es »sehr gut« (1. Mose 1,31) war. »Darum wird ein Mann seinen Vater und seine Mutter verlassen und seiner Frau anhangen, und sie werden sein ein Fleisch. Und sie waren beide nackt, der Mensch und seine Frau, und schämten sich nicht« (1. Mose 2,24-25).

Gott hat die Sexualität »erfunden« als Quelle für neues Leben. Was könnte es Schöneres geben, als diese Quelle zu genießen und mit Gott gemeinsam Freude zu haben an dem, was er geschaffen hat? Es geht darum, dass die geistliche Freude an dem, was Gott uns in der Sexualität gegeben hat, wiederhergestellt wird. Dann wird es auch für Singles, die ihre Sexualität nicht mit einem Partner teilen, möglich werden, ihre Sexualität nicht nur als Feind zu sehen, der bekämpft werden muss, sondern als einen Raum der Gottesbegegnung, heilig und rein.

Im Folgenden stütze ich mich zum Teil auf das Buch von Anselm Grün, Ehelos des Lebens wegen. Zumindest ist es für mich ein wesentlicher Zugang zu diesem Thema gewesen, und ich empfehle es zur eigenen Lektüre.

Es ist wichtig, dass wir in unserm Herzen die Wahrheit wiedergewinnen: Sexualität ist eine positive, dem Menschen von Gott geschenkte Kraft. Wir dürfen sie bei weitem nicht nur genital verstehen, das heißt in ihrer rein körperlichen Dimension. Der Mensch ist von vornherein in seinem Wesen Mann oder Frau. Sexualität ist ein Teil von ihm. Er ist Mann oder Frau von Beginn an (1. Mose 1,27), sogar noch bevor Mann und Frau sich begegnen (1. Mose 2,23).

Sexualität als Quelle neuen Lebens, das gezeugt und geboren wird, strebt nach größerer Lebendigkeit. In ihr wohnt Kraft zum Leben, das sich entfalten will. Sexualität ordnet den Menschen auf ein Du zu und fordert und fördert in ihm die Fähigkeit zur Hingabe. Ihr Adel besteht darin, dass sie den Menschen aus der Einsamkeit herausholt und sich dem anderen schenkt. Sie will dem anderen bleibend gehören und bringt so Frucht hervor.

Diese Merkmale beschreiben die körperliche Dimension der Sexualität, aber nicht nur. Wenn wir genau hinschauen, gehen sie weit darüber hinaus und zeigen etwas von dem auf, wie Sexualität gelebt und gestaltet werden kann, auch wenn die körperliche Dimension verschlossen bleibt. Das Frau- bzw. Mannsein prägt ja nicht nur unseren Körper, sondern unser ganzes Sein, da wir in unserem Wesen von unserer Sexualität bestimmt sind. Hingabe an den anderen wird von Mann und Frau verschieden gelebt, verschieden gestaltet. Sie hat zudem vielfältige verschiedene Möglichkeiten ausgedrückt zu werden und ist bei weitem nicht beschränkt auf den körperlichen Akt.

Gott will gerade Singles oder ehelos Lebende nicht als Neutrum gewinnen, sondern er erfreut sich an ihrem Frausein, an ihrem Mannsein. Denn in ihm ist beides. Meiner Überzeugung nach will er diese Dimension des Menschseins freisetzen, nicht beseitigen. Insofern geht es auch für uns um eine Annahme und Bejahung dieses Aspekts unseres Lebens in seiner ganzen Tiefe und Breite; Sexualität, die mehr ist als »Sex«. Der Mensch braucht auch wesentlich mehr. Er muss die Sexualität in ihrer ganzen Fülle verwirklichen, um ganzheitlich leben zu können. Die Sexualität liegt nicht jenseits des geistlichen Lebens, sondern wird von diesem umschlossen.

Alte Mönche wie moderne Psychologen wissen, dass es in jedem Menschen Weibliches und Männliches gibt. Wichtig ist, dass sich dies in rechter Weise entfaltet. Ich erinnere mich an ein Gebet, das mich zunächst einige Überwindung kostete, das ich aber im Nachhinein als einen wesentlichen Meilenstein auf meinem Weg empfunden habe. Es war das sehr kurze und einfache, zugleich schwere Gebet: »Herr, mache mich zur Frau nach deinem Herzen.«

Damals, in einer ziemlich schwierigen Gemeindesituation auf dem Land, die mir viel eher »typisch männliche Eigenschaften« abforderte, war es mir zum Anliegen geworden: Ich will nicht »meinen Mann stehen, der ich nicht bin«, sondern die Frau werden, die Gott sich wünscht. Ich denke, dies ist eine der Fallen, die man als Single entdecken muss und in die man nicht hineintreten darf.

Nichtsdestotrotz begegne ich als Single-Frau natürlich Herausforderungen, die eine verheiratete Frau normalerweise nicht hat. Mich diesen Anforderungen zu stellen, gibt mir die Chance, meine Persönlichkeit breiter zu entwickeln. Allein stehend brauche ich eben ein bisschen mehr von den eher »männlichen Eigenschaften« als eine Frau, die einen Mann an ihrer Seite hat. Logisch. Aber ich muss das Gleichgewicht finden, damit ich nicht unbemerkt zu einem »Mannweib« werde.

Sexualität – Kraft unseres Körpers

Sexualität ist also mehr als Sex. Sie ist etwas überaus Schönes und Reines, von Gott Gegebenes. Sie erschöpft sich nicht in ihrer körperlichen Dimension. Aber sie hat diese körperliche Dimension. Und mit dieser gilt es zu leben und umzugehen. *Es kann nicht sein, dass liebevolle Zuwendung für Eheleute vorbehalten und reserviert ist und alle solche Regungen bei Ehelosen als »seelisch« oder gar »sündhaft« niedergehalten, abgestellt werden müssen.* (1. Juli 1987)

Ich wusste, wovon ich redete. Die Zeit, in der ich mitten unter lauter äußerst zärtlichen Ehepaaren lebte, hatte mich zutiefst konfrontiert mit dieser Wirklichkeit und Not meines Single-Daseins. Das Defizit, der Kampf waren mir vertraut geworden. Aber eine Überzeugung war in dieser Zeit auch gewachsen: Gott will nicht vertrocknete Ehelose. Er will mich nicht als »alte Jungfer«. Ganz bestimmt hat er keine Freude daran, wenn mein Leben wie ein trockener Ast ist, ohne Blüte, ohne Frucht.

»Viele sagen: Einen Menschen spüre ich, den kann ich umarmen, den kann ich küssen. Aber Gott ist so weit weg. Aber was macht die Erfahrung der menschlichen Liebe wirklich aus? Ist es die Berührung, ist es der Kuss? Man kann die Haut eines Menschen berühren, ohne dass man Liebe spürt. Ja, man kann sogar küssen, ohne zu lieben ...« (Peter Schellenbaum, »Das Nein in der Liebe«, München 1986). Peter Schellenbaum spricht vom »Spürbewusstsein«. »Menschen fühlen die Liebe zwischen sich nur dann, wenn sie im Spürbewusstsein sind, wenn sie ganz in der Berührung sind. Dann kann eine ganz zarte Berührung schon alles ausdrücken, was an Liebe in uns ist. Viele, die dieses Spürbewusstsein verloren haben, müssen den Leib des anderen mit Gewalt anpacken, um aus ihm die Liebe, die Lust herauszupressen. Sie fühlen sich nur, wenn sie den anderen immer stärker drücken. Sie brauchen die Erregung, den sexuellen Höhepunkt, aber sie können die Liebe nicht genießen ...« Schellenbaum wehrt sich dagegen, Menschen, die ihren Eros in der Hingabe an eine soziale, kulturelle oder religiöse Aufgabe leben, als asexuell zu bezeichnen. »Sie haben manchmal im Gegenteil eine starke sexuelle Ausstrahlung. Ihr Körper mobilisiert in den intensiven Phasen der ihnen eigenen Hingabe die gleichen Hormone wie der Körper eines Menschen, der sich auf eine sexuelle Begegnung vorbereitet.« In jeder starken

Hingabe werden »belebende Gefühle des strömenden Einsseins« hervorgerufen. Das gilt auch von der Hingabe an Gott. Sie kann den menschlichen Körper genauso erregen und vibrieren lassen, wie die Hingabe im sexuellen Akt.« (Grün, »Im Haus der Liebe wohnen«, S. 77-78)

»Immer wenn ein Mensch ganz und gar von etwas ergriffen wird, wird auch sein Leib davon berührt.« Diese Erfahrung können wir nicht erzwingen, aber wir können uns dafür öffnen, unseren Körper in das geistliche Leben einzubeziehen. Eine Möglichkeit ist die Übung, Gott mit allen Sinnen in der Schöpfung wahrzunehmen. Wenn wir uns auf diesen Weg begeben, werden wir etwas von der wahren »Sinnlichkeit Gottes« entdecken. Sie ist letztlich Ausdruck seiner schöpferischen Leidenschaft und will mein Leben berühren und fruchtbar machen.

Die Leidenschaft Gottes in einer duftenden Rose, im Sturm der Schneeflocken und in der Zartheit einer Blaumeise. Die Leidenschaft Gottes in den kalten, harten Wellen des Meeres und in der Sanftheit eines warmen Schaumbades. Die Leidenschaft Gottes im mächtigen Klang einer Orgel und im sanften Säuseln eines lauen Windes. Unsere Sinne, unser Körper können ein Tor sein, die Liebe Gottes und seine Leidenschaft für uns wahrzunehmen und zu empfangen. Aber sie können auch Ort der Not, des Kampfes und der Verzweiflung sein. Das ist keine Schande!

Gott kennt sich mit unserem Menschsein aus, mit unserm Frau- und unserem Mannsein. Für ihn sind unsere Not und unser Kampf nie das Problem, nicht einmal unser Versagen, unsere Sünde. Nur wenn wir damit allein bleiben, betrübt ihn das. Wenn wir uns verstecken, weil wir uns schämen (vgl. 1. Mose 3,9ff). Er sucht uns auf in unserer Scham, und er macht »Röcke von Fellen« (1. Mose 3,21). Welch herrlicher Ausdruck seiner Barmherzigkeit ist das! Und diese Barmherzigkeit hat kein Ende (Klagelieder 3,22). Auch nicht, wenn wir uns selbst verurteilen.

Wie stellen wir uns Gott eigentlich vor? Vielleicht doch als den Polizisten, der aufpasst, dass wir immer brav sind und alles richtig machen? Gott ist definitiv keiner, der »alle Fünfe gerade sein lässt«. Nein, die Botschaft der Bibel ist klar und sehr deutlich im Blick auf sexuelle Freizügigkeit und Entartung. Der Apostel Paulus eifert um eine gute Ordnung, was das Miteinander von Männern und Frauen und den Umgang mit Sexualität betrifft. Er ermahnt zum Leben in schöpfungsgemäßer Ordnung und sittlicher Reinheit (vgl. Galater 5,19; Römer 1,24ff).

Dabei geht es aber nicht um moralische Reinheit als Wert an sich, sondern immer um das Leben, das in der guten, von Gott gegebenen Ordnung Gestalt gewinnt. Die Ratschläge sind kein »Strick um den Hals« (1. Korinther 7,35), sondern immer eine Hilfe zum Leben, das in der Liebe empfangen und gewonnen wird.

Paulus ist ein Apostel der Freiheit. Diese Freiheit aber ist etwas anderes als die »freie Liebe«. Hier stoßen wir uns vielleicht manchmal an dem Eindruck: Haben es die Nicht-Christen nicht doch einfacher als die Christen? Sie können »freie Liebe« leben, und somit haben sie, was sie brauchen, auch als Singles. Wir Christen haben es schwerer ... Vielleicht manchmal! (Übrigens ist uns ja auch nirgendwo versprochen, dass wir es leichter haben sollten als die anderen, oder?) Aber wir haben es besser! Wenn wir die Sexualität nicht länger als rein körperlich und unbezwingbar stark missverstehen, sondern sie als ein Geschenk Gottes empfangen, wird unser Menschsein als Frau, als Mann, in einer Weise schön und reich, wie es Nicht-Christen nicht erleben können.

Dankbarkeit verwandelt viel. Ich kann meinen Leib nicht mehr als Feind sehen, sondern als etwas, das Gott mir geschenkt hat, damit ich Freude daran habe. »Schwester Leib« mit allem, was in ihr lebt – das verändert meinen Blick auf mich selbst in meinem körperlichen Sein. Und letztlich: Gott will nicht unsere Vollkommenheit, sondern unser Herz!

Wenn wir versuchen, unsere Sexualität zu unterdrücken und zu vermeiden, dann führt das oft dazu, dass wir uns noch mehr auf sie konzentrieren und viel Energie damit verschwenden, die Sexualität unter Verschluss zu halten. Diese Energie fehlt dann im Leben, bei der Arbeit, in unseren Beziehungen. Da geht Lebendigkeit verloren.

»Nicht Beherrschung, sondern größere Liebe ist das Ziel des rechten Umgangs mit der Sexualität ... Der richtige Umgang mit der Sexualität soll uns dazu befreien, Gott tief in unserem Herzen zu erfahren und unser Herz an ihm festzuheften.« (Grün, »Ehelos des Lebens wegen«, S. 31f)

Wir müssen die Sexualität auch in ihrer körperlichen Dimension, mit der Kraft, die ihr innewohnt, annehmen. Sie ist die Quelle einer tiefen Lebendigkeit, derer wir uns berauben, wenn wir in Ablehnung und Bekämpfung verharren. »Von Franz von Assisi heißt es, dass er immer dann, wenn im Psalm das Wort ›Herr‹ vorkam, die Lippen vor Lust und Liebe geleckt hat. Wenn er das Wort ›Herr‹ betete, quoll sein Herz über vor Liebe zu Christus.« (Grün, »Im Haus der Liebe wohnen«, S. 82)

Wenn die Selbstbefriedigung zu einer Not geworden ist, ist es gut zu fragen: Wie fühle ich mich in meinem Leben? Was macht mir richtig Spaß, wo erlebe ich tiefe Freude, fühle ich mich richtig lebendig? Fällt mir da nichts ein, ist deutlich, dass die Regung der Sexualität letztlich eine Einladung ist, anders mit mir selbst umzugehen. Wenn wir uns am Leben nicht mehr freuen können, nichts mehr genießen können, unser Leben eingezwängt ist in Zeit- und Leistungsdruck, Moral und Gesetz, dann werden wir immer wieder Signale unserer Sexualität empfangen, die uns zeigen, dass wir unsere Lebendigkeit abgetötet haben.

Selbstbefriedigung kann zu einer ernüchternden Erfahrung des eigenen Unvermögens werden. Da muss man akzeptieren: Er, unser Herr, will letztlich nicht unsere moralische Vollkommenheit, sondern unsere Lebendigkeit. Kann es sein, dass tief in uns eine große Unzufriedenheit wurzelt, die durch nichts befriedigt wird, solange wir uns ihr nicht stellen und danach suchen, wie sie wirklich erfüllt werden kann?

Es geht darum, nach der tiefsten Sehnsucht zu fragen, die in uns wohnt und die tiefer reicht, als jede Art sexueller Befriedigung reichen kann. Es ist nötig, uns mit uns selbst zu versöhnen, mit unserer Situation, mit Gott. Er wird uns eine Tür öffnen, in der unsere Sehnsucht seiner begegnen kann und darin Erfüllung findet.

Immer aber gilt: Gott ist nicht der strenge Polizist, sondern der liebende Vater! Meine Sexualität anzunehmen, das heißt auch, meine menschliche Hinfälligkeit anzunehmen und seine Barmherzigkeit zu empfangen, und dadurch auch selber barmherzig zu werden. Dann können wir wahrhaft einen besonderen Weg geführt werden, um Menschen großer Lebendigkeit zu werden. Unsere eigene Sehnsucht kann der Sehnsucht Gottes begegnen und von seiner Liebe gesättigt werden. Wir werden erfüllt mit der Barmherzigkeit Gottes, die wir selbst und andere so nötig haben.

Es ist ein besonderer Weg, aber es ist ein möglicher Weg. Es braucht Zeit und immer wieder das bewusste Innehalten, um wahrzunehmen, wo ich gerade bin, was die Stimme meines Herzens sagt, und was er, mein Herr und Liebhaber, mir zu sagen hat.

Kapitel 4

Ein anderes Leben

Einsamkeit

Es bleibt das Alleinsein, das zur quälenden Einsamkeit werden kann. Die Wochenenden sind vielleicht mit lauter Trostlosigkeit erfüllt. Am Sonntagmittag, wenn die Familien glücklich aus dem Gottesdienst nach Hause ziehen, um den Tag gemeinsam zu verbringen, versuchen Singles irgendeine Lösung gegen Einsamkeit und Depression zu finden. Ich kenne Singles, die aus diesem Grund nicht mehr zum Gottesdienst gehen. Sie können und wollen sich das nicht mehr antun – derselbe Schmerz immer wieder.

Manche Singles erleben Monat für Monat einen Schock, wenn sie die Telefonrechnung erhalten. Mit wem habe ich da nur wieder so lange telefoniert? Das Telefon ist eine schöne Annehmlichkeit, um der Einsamkeit zu entfliehen, aber auch ein gefährlicher Fluchtweg: Man sollte aufpassen, dass man nicht tatsächlich ständig auf der Flucht ist.

Ich weiß noch, dass es eine Zeit gab, in der sogar meine Freude traurig wurde. Ich erlebte das sehr existenziell. Es war niemand da, mit dem ich meine Freude hätte teilen können. Und es stimmt wirklich: Es ist so traurig, sich allein zu freuen. Gerade die tiefsten, inneren Empfindungen Freude und Traurigkeit sind darauf angelegt, dass wir sie teilen wollen, ja, teilen müssen. Aber mit wem, wenn keiner da ist?

Das Leben von manchen Singles ist zu einer Flucht geworden. Flucht in die Geschäftigkeit, in die Geselligkeit, in Aktionen und Aktivismus, in Hobbys. Flucht vor der Situation, vor der Wirklichkeit, die so viel Unerfülltes in sich trägt, Flucht vor sich selbst. Am Ende könnte die bittere Frage stehen: Habe ich überhaupt gelebt?

Oder war ich mein ganzes Leben auf der Flucht? Unser Leben ist dafür zu schade, wirklich!

Manche flüchten sich auch ins Essen oder ins Hungern oder in den Alkohol. Leute, die auf der Flucht sind, stehen in großer Gefahr, süchtig nach etwas zu werden. Statistische Erhebungen besagen, dass Single-Frauen über 30 besonders gefährdet sind, Alkoholikerinnen zu werden. Nicht so, dass es alle merken. Aber sie brauchen dann eben ein Glas Wein am Abend, vielleicht auch zwei, drei oder mehr. Das gehört nun mal dazu. Die Sucht beginnt da, wo ich etwas »brauche«, selbst wenn es nur zur »Gemütlichkeit« dient.

Es geht auch anders, das habe ich ausprobiert und eingeübt: Eine Kanne Tee tut es auch. Das ist genauso gemütlich. Dann bleibt der Wein für besondere Anlässe, vielleicht sogar mal eine kleine Flasche Sekt ... Ich habe es mir angewöhnt, besondere Erlebnisse zu feiern. Natürlich kann das ebenfalls mit anderen zusammen schöner sein. Aber so eine kleine Feier mit mir selbst und meinem Herrn – das ist etwas ganz Besonderes. Ich merke, wie da Freude und Frieden in mein Leben hineinströmen.

Achtung! Noch ist es nicht zu spät, umzuschalten, oder soll ich sagen: umzukehren! Noch kann aus der Flucht eine Suche werden, eine Suche nach dem Leben, vielleicht sogar nach dem »ganz anderen Leben«. Warum beginne ich nicht, nach dem Schatz zu graben, den Gott in mein Leben hineingelegt hat? Hören wir auf, der Lüge zu glauben, dass wir »arm dran« sind. Ja, es fängt wirklich mit Umkehr an.

Auch ist es wichtig, innezuhalten und sich zu fragen: Wo bin ich gerade? Welche Gedanken und Gefühle bestimmen mich? Was ist Wahrheit, und was ist Lüge? Was ist Sünde in meinem Verhalten? Was ist tief in mir drin an Schmerz, an Trauer? Welche Erfahrungen oder Träume blockieren mich? Was gilt es loszulassen?

Einen Weg gehen, damit es nicht so bleibt, wie es ist. Es ist möglich. Einen Weg, auf dem es (vielleicht) Hilfe braucht. Unser Leben ist es wert, dass wir Hilfe suchen und annehmen. Und dann heißt es, nach vorne zu schauen, konstruktiv zu werden, erwartungsvoll zu sein und Neues zu probieren. Was ist drin, was ist möglich in meinem Leben, in meinem Umfeld? Könnte es nicht sein, dass Gott für mich wirklich (noch) Überraschungen bereithält?

Inzwischen war ich fast fünfzehn Jahre im Pfarramt in Buchholz in der Prignitz. Ich erinnerte mich, wie am Anfang festgestanden hatte, dass ich nur für drei Jahre diesen Platz einnehmen würde. Für mich war immer klar: Ich will nicht »allein meinen Mann stehen, der ich nicht bin«. Die ersten Jahre waren ein Überlebenskampf. Doch dann kam frischer Wind in das ganze Geschehen. Es entstand ein Team von Mitarbeitern, die zum Teil von auswärts zugezogen waren, um bei dem dabei zu sein, was Gott hier tat.

Das war eine schöne Zeit! Unsere Vision war eine Gemeinde, die unserer Überzeugung gemäß gestaltet war. Apostelgeschichte 2,42ff war das Bild, das wir im Herzen trugen und nach dem wir uns ausstreckten: »Sie alle widmeten sich eifrig dem, was für sie als Gemeinde wichtig war: Sie ließen sich von den Aposteln unterweisen, sie hielten in gegenseitiger Liebe zusammen, sie feierten das Mahl des Herrn, und sie beteten gemeinsam.« (Gute Nachricht)

Ganz praktisch hieß das für uns: Wir wollten Gemeinde sein als »Gemeinschaft von Schwestern und Brüdern ... im gemeinsamen Hören und Beten, Arbeiten und Feiern« (Fritz und Christian Schwarz, Theologie des Gemeindeaufbaus). Unsere Gemeinschaft war sehr unkompliziert, froh und auch arbeitsreich. Es machte Spaß, sich immer mal wieder was Verrücktes auszudenken. Ich genoss es, nicht mehr allein für alles verantwortlich und zuständig zu sein.

Wenn ich zurückschaue, war es wie ein »5-Jahres-Takt«. Dann ergriff uns eine Krise. Was vorher so einfach und unkompliziert war, wurde überaus kompliziert, schwierig und unlösbar. Wir wurden in dieser Zeit intensiv von außen begleitet, trotzdem gelang es nicht, gemeinsam weiterzugehen. Zwei Ehepaare verließen die Gemeinde. Es dauerte, bis sich alle von diesem Schmerz erholt hatten. Wir alle mussten daran arbeiten, an den Verletzungen nicht zu verbluten.

Andere, vorwiegend Einheimische, stiegen verstärkt in die Arbeit ein. Es gab viele Veränderungen, aber es ging weiter. Und ich war (noch) nicht allein. An meiner Seite hatte ich eine Pastoralassistentin und Freundin. Sie hatte einige Zeit überlegt, ob Gott sie nicht in ein Kloster oder in eine geistliche Gemeinschaft berief. Doch dann hatte sie von Gott den Eindruck empfangen, dass ihr Platz in unserer Arbeit in der Prignitz sein sollte.

Michaela und ich waren ein gutes »Gespann«. Wir wohnten zusammen, teilten einige Jahre Arbeit und Leben miteinander, bis sie im Oktober 2000 einen besonderen Urlaub machte, Exerzitien in Frankreich. Als sie von dort zurückkam, erzählte sie mir, was sie erlebt hatte. Jetzt würde es doch wahr werden. Sie hatte den Ruf empfangen, der Gemeinschaft Chemin Neuf, einer der »neuen Gemeinschaften« in der katholischen Kirche, beizutreten. Ich freute mich für sie über das, was sie erlebt hatte. Zugleich konnte ich die brennende Frage kaum ertragen: »Und was wird aus mir?« Michaela blieb noch einige Monate, doch dann, Ende 2001, war der Abschied gekommen.

Die Mannschaft der Einheimischen verstärkte sich in der Gemeinde. Das gefiel mir. Darin konnte ich einen Gewinn sehen. Aber meine persönliche Situation spitzte sich zu. Das erste Jahr, als ich allein arbeitete und lebte, war einfacher als befürchtet. Es war, als ob die Gnade Gottes mir zunächst ein »Polster« gab. Ich hatte die Wohnung so eingerichtet, dass ich mich auch allein darin wohl fühlte. Sie war mir nicht zu groß, wie ich zuerst gedacht hatte. Ich konnte es genießen. In der Gemeinde erlebte ich nach Krise und Abschied, wie wir gemeinsam weitergingen. Vieles war für mich ein großes Geschenk. Doch die Kraft ließ nach. Ich war wieder verantwortlich für alles, zuständig für viel mehr als zuvor. Es waren zwar motivierte Mitarbeiter da, aber in der Verantwortung stand ich jetzt weithin allein. »Herr, das kann es doch nicht sein! Ich glaube nicht, dass das deine Perspektive für mich ist ...«

Im Jahr darauf kündigten sich wieder tief greifende Veränderungen an: Eine Mitarbeiterin heiratete, eine andere wurde schwanger. Wieder waren es die, die mir am nächsten standen. »Das kann nicht sein! Was wird aus mir?«, schrie es in mir. Es war ein Ringen mit Gott und mit mir selbst. Die Schmerzen, die Unlösbarkeit der damaligen Situation, der Verlust, die Einsamkeit, die Arbeit – das alles grub sich tief in mein Herz ein. Doch tief in mir wusste ich: »Mein Herr lässt mich nicht hängen.« Ich betete oft mit einem alten Gesangbuchlied:

> »Auf, auf, gib deinem Schmerze und Sorgen Gute Nacht,
> lass fahren, was das Herze betrübt und traurig macht;
> bist du doch nicht Regente, der alles führen soll,
> Gott sitzt im Regimente und führet alles wohl.
> Ihn, ihn lass tun und walten, er ist ein weiser Fürst
> und wird sich so verhalten, dass du dich wundern wirst ...«
> (Paul Gerhardt, 1653)

Ich wartete darauf, dass ich mich wundern würde. Und in mir reifte ein Entschluss heran. Ich begann, mich um eine Sabbatzeit zu bemühen: Ein halbes Jahr wollte ich Zeit haben, um zu verarbeiten, zu bewältigen und um neue Perspektiven zu gewinnen. Ich war bereit, in der Prignitz alt zu werden. Aber ich brauchte von Gott eine Bestätigung für diesen Dienst. Oder er sollte mich klar in etwas Neues hineinführen.

Es wurde möglich. Das erste Halbjahr 2004 wurde ich vom Dienst freigestellt. Ein Teil dieser Zeit war als Studienurlaub geplant. Ich hatte mir ein Thema gestellt, das mir die Gelegenheit bot, die Erfahrungen der vergangenen Jahre im Pfarramt und meine persönlichen Fragen nach Berufung und Gemeinschaft zusammenzubringen: »Modelle kommunitären Lebens. Möglichkeiten und Chancen für geistliche und missionarische Existenz. Auf der Suche nach neuen Wegen ...«

Der Beginn dieser Zeit war für mich wie der Aufbruch in ein Abenteuer. Ich wollte wissen, wie es für mich weitergehen konnte. Ich wollte herausfinden, welche Alternativen es gegenüber einem herkömmlichen Gemeindeleben gab. Mein Leben stand in der Gefahr, immer einseitiger zu werden – das hatte ich gespürt: arbeiten, essen, schlafen. Das Leben kann schnell sehr schmal werden, gibt es doch vieles, was man allein schlecht machen kann. Ich empfand, dass diese »freiheitliche Single-Existenz« mit viel Arbeit und Verantwortung irgendwie nicht das sein konnte, was Gottes beste Absicht für mich war.

Freiheit oder Unabhängigkeit

Etwas, worum wir beneidet werden, ist unsere Freiheit. Na ja, etwas Schönes müssen wir doch auch haben, oder? Das ist doch unser Recht, wenigstens das! Die Frage ist, ob wir mit der Freiheit umgehen können und ob wir sie als das sehen und nutzen, was sie wirklich ist, oder ob diese Freiheit letztlich nur ein Weg ist, um zu fliehen.

Alles ist möglich! Ich bin niemandem verpflichtet, niemandem Rechenschaft schuldig. Ich kann (fast) immer machen, was ich will ... »Beneidenswert«, denken einige. Und wir halten diese Freiheit hoch. Manchem wird es unmöglich, diese Freiheit je zu verlassen, selbst dann nicht, wenn eine Beziehung möglich wäre. Manchmal werden wir ein Opfer unserer Freiheit. Sie wird dann zum Gott, zu dem, was das Leben ohne Alternative bestimmt und beherrscht.

Dabei geht es letztendlich um das, was mit Unabhängigkeit gemeint ist und erlebt wird. Und hier liegt ein großes Missverständnis vor. Mir scheint, dass wir mit diesem Freiheitsverständnis, das eigentlich Unabhängigkeit bedeutet, völlig auf dem »Holzweg« sind.

Vielleicht liegt manches Unglück des Single-Lebens darin begründet, dass diese Art von »Freiheit« letztlich nicht dem entspricht, wozu wir als Menschen eigentlich geschaffen sind. Was meint Freiheit, wenn wir sie christlich verstehen und leben wollen? Wie kann Freiheit wirklich ein Raum für »Leben und volle Genüge« (Johannes 10,10) werden?

Im Folgenden beziehe ich mich zum Teil auf einen Aufsatz von Dr. habil. B. Wannenwetsch, »Freiheit – was ist das?«, im Salzkorn, Freundesbrief der OJC 5/2005. »Zur Freiheit hat uns Christus befreit. So steht nun fest in der Freiheit«, schreibt Paulus (Galater 5,1) und fasst damit die Wirklichkeit des christlichen Lebens kurz und prägnant zusammen. Darin wird deutlich: Freiheit ist nicht Anspruch des Menschen »von Natur aus«, sie ist kein »natürlicher Zustand« des Menschen, sondern er muss sie erfahren, sie muss ihm »widerfahren«. Der Mensch kann Freiheit nur dann erleben, wenn er sie von dem, der ihn befreit hat, auch annimmt und empfängt.

Das ist Erlösung, von der die Bibel spricht. Der Mensch ist »verkauft unter die Sünde« (Römer 7,14), unter Zwänge, die andere ihm auferlegen und unter die er sich selbst gestellt hat. Dieser Mensch kann Erlösung empfangen, die zur Freiheit wird, wenn er sich Jesus Christus zuwendet. Das ist dann etwas anderes als die von uns so geliebte Unabhängigkeit (vgl. Römer 7,24-25).

Freiheit ist angefochten, umkämpft. Der Mensch, der seine Freiheit nicht gewinnen kann, aber geschenkt bekommt, muss sie bewahren und sich in ihr bewähren, da sie eben kein Besitz ist, den er stolz vor sich hertragen kann, sondern ein Raum, in dem er leben soll und in dem er sich bewähren muss. Für Paulus bedeutet, in der Freiheit zu bleiben, in Christus zu bleiben. Die Freiheit, die Christus gibt, ist keine philosophische Größe, kein Gedankengebäude, sondern ein Ereignis, das das menschliche Leben mehr und mehr ergreifen, verändern und prägen kann.

Eine alte Diakonisse brachte uns in der Krankenschwesternausbildung diese tiefe Wahrheit über die christliche Freiheit in einem einfachen Satz bei: »Die größte Freiheit für den Menschen besteht in der engsten Bindung an Jesus Christus.« Paradox, aber wahr! Freiheit im christlichen Sinn heißt also nicht, unbegrenzt unabhängig zu sein und alles selbst zu entscheiden nach dem Motto »Alles ist erlaubt«, sondern sie ist vielmehr die Bindung an die Herrschaft Jesu Christi. Und das Geheimnis ist, dass uns in dieser Bindung Freiheit zuteil wird, eine Freiheit, die völlig andere Maßstäbe setzt, eine Freiheit, die in der Liebe aufgehoben ist. Und damit entspricht diese Freiheit zutiefst dem, wozu der Mensch geschaffen ist, nämlich zu einer liebevollen Beziehung.

Der Mensch ist Ebenbild Gottes. Sein Wesen hat seinen Ursprung in der Dreieinigkeit. Gott selbst ist in sich liebevolle Beziehung. Insofern findet der Mensch seine Bestimmung am tiefsten und schönsten, wenn er in liebevollen Beziehungen lebt, gottähnlich, geprägt von Liebe, von Wertschätzung und Hingabe. Diese Beziehungen, das haben wir oben gesehen, sind seit Jesus nicht festgelegt auf die Ehe allein. Im Reich Gottes ist die »Nicht-Ehe«

eine Lebensmöglichkeit geworden. Das löst aber nicht auf, dass der Mensch in liebevollen Beziehungen in seine Bestimmung findet. Und zur Liebe gehört immer auch Verbindlichkeit.

Ein Blick in die Geschichte

Irgendwie sind wir auch »Opfer« der kulturellen Entwicklung. Manches, was uns selbstverständlich erscheint, ist vor dem Hintergrund des Evangeliums durchaus fragwürdig. Es stellt sich die Frage, ob nicht ein Ruck durch das Volk der Singles gehen muss?!

Man kann immer »auf beiden Seiten vom Pferd fallen«. Wenn man eine Zeit lang einer Überzeugung gemäß lebt, die dann irgendwann übertrieben wird, folgt als Reaktion auf diese Übertreibung bald eine andere Überzeugung, die dann schließlich auch ins Extrem umschlägt. Das berühmte Modell vom Pendel: Einem Pendelschlag in die eine Richtung folgt der in die andere Richtung. Schade, dass wir oft so schnell so einseitig werden. Leider ist davon auch die Kirchengeschichte geprägt. Und wir sind ihre Erben.

Werfen wir jetzt einen kleinen Blick in die geschichtliche Entwicklung. Das mag für manche wie eine Zumutung wirken. Für mich ist es das auch. Aber es ist nötig, wenn wir neue Perspektiven gewinnen wollen. Neue Perspektiven sind wichtig und möglich.

Mit den Anfängen des Christentums entstand neben der schöpfungsgemäßen Lebensordnung Ehe eine neue Lebensmöglichkeit. Zunächst waren es Einsiedler, die in radikaler Weise die Nachfolge Christi leben wollten. Sie verzichteten auf Eigentum, auf Ehe und unterwarfen sich einem radikalen Gehorsam. Später waren es Ordensgemeinschaften, die aus unterschiedlichen Wurzeln entstanden. Innerhalb der Kirche, die im 4. Jahrhundert Staatskirche geworden war, stellte das noch junge Mönchtum ein Zeichen für die Radikalität des Evangeliums dar. Mit den so genannten »evangelischen Räten« Armut, Keuschheit und Gehorsam lebten die Ordensleute zeichenhaft eine Freiheit gegenüber der Herrschaft von Geld, Sex und Macht. Der Schatz dieser »evangelischen Räte« war und ist, dass sie von den hauptsächlichen Mächten frei machen wollen, die menschliches Leben versuchen und zerstören können.

Hier lohnt es sich wirklich, genauer hinzuschauen. Wenn wir als protestantische Christen dazu neigen, eher die Unfreiheit von Menschen zu sehen, die sich im dreifachen Gelübde gebunden haben, sollten wir uns fragen, welche Freiheit wir denn meinen. Sind wir bereit zu sehen, wie unfrei die Menschen sind, die alles haben, alles machen, alles bestimmen können? »Gefangene der unbegrenzten Möglichkeiten« – nehmen wir etwas wahr von dem Elend, das diese Art von »Freiheit« für viele unserer Zeitgenossen und unter Umständen auch für uns selbst bedeutet?

Freiheit im Sinne von Unabhängigkeit ist ein Auswuchs des modernen Individualismus, eine Frucht der Aufklärung. Autonomie ist kein geistlicher Wert. Sie kann zur Sünde werden und macht uns letztlich unglücklich, weil wir einsam bleiben. Luther hat die christliche Existenz so beschrieben: »Ein Christ ist ein freier Herr über alle Dinge und niemandem verpflichtet. Ein Christ ist ein dienstbarer Knecht in allen Dingen und jedermann verpflichtet.« Auch hier wird etwas deutlich von dem Paradoxon der christlichen Freiheit; frei durch den Glauben an Christus, gebunden in der Liebe zu ihm.

Es war erst eine spätere Entwicklung, in der die so genannten »evangelischen Räte« zum Vollkommenheitsideal wurden und sich ein »Zweistufenmodell« der Christenheit entwickelte. Die einen, die nach den evangelischen Räten lebten, dachten, sie wären bessere Christen als die anderen, die im »normalen« Leben blieben. Das war es, wogegen Luther vor allem aufstand, wogegen er kämpfte. Für ihn war wichtig, dass jeder an dem Ort, an dem er lebte, und in dem Lebensstand, in dem er gerade war, ein Zeuge Jesu Christi sein sollte. Das Denken, es gäbe im Kloster bessere Christen und draußen weniger gute, wurde aufgehoben. Das war eine der Folgen der Reformation. Spätestens im 2. Vatikanischen Konzil in den 60er-Jahren des 20. Jahrhunderts sind auch innerhalb der katholischen Kirche weitgehende Reformen des Ordenswesens geschehen.

Wir dürfen bei der Beurteilung des Ordenslebens und seiner Wesensmerkmale nicht von Übertreibungen und Fehlentwicklungen des Mittelalters ausgehen. Es ist nötig und kann sehr hilfreich sein, zum Kern der monastischen Existenz durchzudringen, um die Schätze zu entdecken, die dort für unsere Zeit, für die Herausforderungen unserer Gesellschaft, verborgen sind. Hier können sich Pfade auftun, die auch für Singles zu neuen Wegen werden können.

Die Herausforderung im Protestantismus

In vergangenen Jahrhunderten gab es im Protestantismus durchaus einen kleinen und weithin verborgenen, aber doch nicht bedeutungslosen Strom des bruder- oder schwesternschaftlichen, gemeinschaftlichen bzw. kommunitären Lebens.

Herrnhut ist ein besonderes Beispiel einer zunächst sehr stark gemeinschaftlichen Lebensform innerhalb der reformatorischen Kirchen. Nikolaus Ludwig, Graf und Herr von Zinzendorf und Pottendorf (1700-1760), geprägt von einer tiefen inneren Frömmigkeit, überließ sein Gut den Nachfahren böhmischer und mährischer Brüder, die wegen ihres Glaubens Zuflucht suchten. Gemeinsam mit ihnen gründete und prägte Zinzendorf die Herrnhuter Brüdergemeine. In ihr verwirklichte sich etwas von dem, wonach Luther auf der Suche war: Gemeinschaft von denen, die »mit Ernst Christen sein wollen«. Es entstand ein klar strukturiertes Gemeinschaftsleben mit den urchristlichen Ämtern, mit ausgeprägter Diakonie und einer weltweiten missionarischen Ausstrahlung.

Besonders auffällig war wohl die Entstehung und Blüte der Diakonissen-Mutterhäuser und Diakonen-Häuser innerhalb der evangelischen Landeskirchen (z. B. gegründet von Theodor Fliedner, 1800-1864; Johann Hinrich Wichern, 1808-1881; Wilhelm Löhe, 1808-1872). Die Zeit, in der diese Männer lebten, war geprägt von tief greifenden gesellschaftlichen Veränderungen. Die Französische Revolution hatte einen politischen und sozialen Umbruch eingeleitet. Europa wurde überzogen von Unruhen und Kriegen. Von England ausgehend veränderte die schnell voranschreitende Industrialisierung umfassend das Leben der Bevölkerung. Fabrikzentren entstanden und wurden oft zu Stätten des sozialen Elends. Die Männer mussten sich dem Kampf um den Arbeitsplatz stellen. Dort, wo der Verdienst nicht reichte, waren auch die Frauen gezwungen, zur Fabrikarbeit anzutreten. Es war eine Zeit des Niedergangs und des Neuanfangs, der Gefährdungen und der Chancen. Neue Nöte entstanden, es wurden aber auch neue Möglichkeiten aufgetan.

An dem Platz, an den Gott sie gestellt hatte, reagierten diese Männer und ihre Zeitgenossen auf die Herausforderungen gesellschaftlicher Not. Was entstand, waren nicht nur neue Dienste, sondern neue Formen gemeinschaftlichen Lebens. Diese Gemeinschaften hatten zum einen ihre Priorität in ihrem Dienst. Zum anderen aber waren die entstehenden Diakonissen-Mutterhäuser Orte, an denen unverheiratete Frauen in bisher unbekannter Weise Würde, Schutz, Auftrag und Versorgung erhielten.

Durch die berufliche Tätigkeit meines Vaters wuchs ich in einem großen Diakonissen-Mutterhaus auf und lernte diese traditionelle Form einer evangelischen Schwesternschaft ganz natürlich und selbstverständlich kennen. Es lohnt sich, Entstehungsgeschichten solcher Häuser zu lesen. Oft liegt an ihrem Anfang ein tiefes geistliches Geschehen, eine sehr persönliche Erfahrung, eine Gottesbegegnung, die dazu geführt hat, dass Menschen ihre Freiheit dafür einsetzten, anderen zu dienen. Es waren daher Dienstgemeinschaften, begründet und getragen vom gemeinsamen Dienst für Gott an den Menschen.

Aufgrund der zunehmenden staatlichen Verantwortung für das Gemeinwesen und infolge des »sozialen Netzes«, das geknüpft worden ist, haben diese Gründungen letztlich an Boden verloren. Schaut man sich z. B. in Deutschland um, stellt man fest, dass die traditionellen Diakonissenhäuser weithin vom Aussterben bedroht sind oder sich in substanziellen Veränderungen befinden.

Welche gesellschaftsverändernden und missionarischen Kräfte wurden durch diese Gemeinschaften freigesetzt! Das ist traumhaft und ist nicht zu kopieren. Aber das gilt es wieder zu entdecken und als heutige Herausforderung anzunehmen und zu ergreifen!

Unsere Zeit ist nicht weniger vom Umbruch gekennzeichnet und ebenfalls geprägt von Niedergang und Neuanfang, Gefährdungen und Chancen. Es ist nötig, wachsam zu sein gegenüber den Nöten und Möglichkeiten, die uns gegeben sind. Es ist dieselbe Herausforderung wie damals, angemessen auf die gesellschaftliche Situation einzugehen. Und gerade hier bietet sich die Gelegenheit, zu Neuem aufzubrechen. Es braucht Menschen, die das erkennen und etwas wagen.

Besonders im vergangenen Jahrhundert, in gewisser Weise ausgelöst durch die beiden Weltkriege und den damit verbundenen radikalen Einschnitt in das gesellschaftliche, politische und kirchliche Leben, gab es etwas wie einen »klösterlichen Frühling« in den Kirchen der Reformation, gerade im deutschsprachigen Raum.

Zunächst waren diese Gemeinschaften eher wie Fremdkörper, sie wurden schwer oder gar nicht verstanden. Gründliche theologische Arbeit von einigen und manch mühsames theologisches Gespräch haben dazu geführt, dass diese alternativen Lebensformen inzwischen mehr und mehr einen Platz in unseren Kirchen gewonnen haben bzw. noch gewinnen, nicht vornan, nicht weithin und gut sichtbar, aber für den, der sucht, durchaus zu finden. (Es gibt ganze Bücher, die verschiedene Gemeinschaften vorstellen, z. B. I. Reimer, »Verbindliches Leben«.)

Allerdings, viele dieser kommunitären Gemeinschaften haben einen recht ausgeprägten klösterlichen Charakter. Sie bergen kostbare Schätze geistlichen Reichtums aus Jahrhunderten der Christenheit. Sie sind wie Inseln, die im Meer der Zeit Halt und Zuflucht geben können.

Die Frage ist jedoch, welche alternativen, ergänzenden Formen es in unserer Zeit außerdem geben muss und geben kann. Es gibt sie bereits. Aber, ganz sicher, es braucht mehr von diesen neuen Formen gemeinsamen Lebens.

Zum einen für Singles, die ihren Platz auf Zeit finden wollen. Es braucht Orte, wo sie in gemeinschaftliches Leben eingebunden sind und dadurch ganz praktisch Lebenshilfe erfahren. Dort gibt es Zugehörigkeit, Austausch, Verbindlichkeit. Dort gibt es Lachen und Feiern. Dort wird das Leben bewahrt vor der großen Einsamkeit und Einseitigkeit: arbeiten, essen, schlafen. Zugleich könnte hier auch Raum und Zeit sein, sich sehr grundsätzlich der Frage der Berufung zu stellen.

Zum anderen braucht es Raum für Singles, die ihre Berufung in der Ehelosigkeit entdeckt haben und dies in einer ihnen entsprechenden Weise verbindlich machen wollen. Es geht um die Wiederentdeckung der evangelischen Räte als ein Zeichen des Reiches Gottes mitten in unserer Gesellschaft, die immer mehr beherrscht wird von Geld, Sex und Macht.

Allerdings, das scheint auch deutlich zu sein: Dort, wo neue Formen gemeinsamen Lebens entstehen, werden vermutlich mehr und mehr Ehepaare, Familien und Singles gemeinsam Leben teilen und gestalten.

Neue Formen: Drei Gemeinschaften

Im Rahmen meines Studienurlaubes konnte ich mich nun ausführlich mit Modellen gemeinschaftlichen Lebens beschäftigen und fragen, welche Möglichkeiten und Chancen sich durch diese alternativen Lebensformen auftun.

Ich hatte mir ziemlich spontan und unüberlegt drei Gemeinschaften herausgesucht, die ich für eine Zeit besuchen wollte. Im Verlauf der Zeit war ich überrascht und begeistert, wie ich »ganz zufällig« drei Kommunitäten gefunden hatte, die in ihrer Art zu leben, in ihrer äußeren und inneren Form, so sehr verschieden waren. Hier leuchtet für mich etwas auf von der Vielfalt und Verschiedenheit des Evangeliums. Unterschiedliche Aspekte und Werte werden gelebt und gestaltet. Da geht es nicht mehr um das scheinbar so wichtige »Richtig oder Falsch«, sondern um die Vielfalt, die allein dem Wesen Gottes entsprechen kann. Ich möchte hier gern Mut machen, nach neuen Lebensmöglichkeiten Ausschau zu halten und sich dann vielleicht sogar auf den Weg zu machen, neues Land zu entdecken und einzunehmen, je nachdem, wo man sich gerade befindet.

Communität Casteller Ring (CCR)

Ich war auf dem Schwanberg in Franken, in der Nähe von Kitzingen. Dort befindet sich die Communität Casteller Ring, eine Frauengemeinschaft, die in der Evang.-Luth. Kirche als Ordensgemeinschaft im Geist der Regel des Heiligen Benedikt lebt. Kurz gesagt sind das also »evangelische Benediktinerinnen«.

Ich kannte diese Gemeinschaft aus Erfurt. Dort lebt eine kleine Zelle im Augustinerkloster mitten in der Großstadt. Hier in ihrem Mutterhaus, oben auf dem Berg, fernab vom städtischen Getriebe, merkte ich noch viel mehr als in Erfurt, wie »klassisch klösterlich« diese Gemeinschaft lebt. Im Zentrum der Gemeinschaft steht das gemeinsame liturgische Gebet, der Gottesdienst, das Abendmahl. Wer dort nach einer Zeit von Postulat und Noviziat eintritt, bindet sich an die evangelischen Räte auf Lebenszeit.

In ihrer Regel heißt es: »In allen Erfahrungen unseres Lebens wollen wir Gott suchen und der Vertiefung unserer Gottesbeziehung Raum geben. Persönliche geistliche Zeit und Seelsorge sind Herausforderungen zum eigenen geistlichen Wachstum und münden ein in unser gemeinsames Leben. Frei gewählte Ehelosigkeit, Gütergemeinschaft und mündiger Gehorsam grenzen unser Leben ein und verlocken zugleich, uns auf Jesus Christus hin zu weiten. Wir wagen Bindung und gewinnen darin Freiheit ...« Hier haben wir es wieder. Es gibt einen tiefen Zusammenhang zwischen Freiheit und Bindung.

Die Schwestern leben gemeinsam im Ordenshaus und arbeiten in der von ihnen geleiteten Tagungs- und Begegnungsstätte. Sie stehen an den verschiedenen Orten ihres Lebens für dieselben Werte, sie leben nach derselben Ordnung und geben anderen Menschen Raum für neue Erfahrungen.

»Wir arbeiten in einem guten Zusammenleben und erfahren bei Konflikten immer wieder Versöhnung als Geschenk. Das Ordenshaus ist der Raum für Gespräch und Schweigen, Tischgemeinschaft und Fest. Wir begleiten einander in Krankheit, Alter und Sterben ...«

Da wird es ganz praktisch und ganz hilfreich. Nicht »Seniorenheim«, nicht »grüne Wiese auf dem städtischen Friedhof«, sondern verbindliche Gemeinschaft bis zum Tod, Zugehörigkeit, Geborgenheit, Heimat. Welch ein Reichtum für die, die hier leben! In der ganz speziellen Form ihres Zusammenlebens sind die Schwestern schon einfach durch ihr Dasein ein missionarisches Zeichen. Wer bei ihnen einkehrt, auf einer Wanderung Rast macht, der muss fragen: Was bringt heute Menschen dazu, so zu leben? Ihr Leben wirkt ein bisschen unwirklich und zugleich doch sehr real, es ist eine Kontrastgesellschaft zu dem, was sonst üblich ist.

Mit dem festen Rahmen ihres Lebens, in dem Gleichbleibendes immer wiederkehrt, in dem Kontinuität und Wiederholung bestimmend sind, geben sie den Menschen einen Raum der Sicherheit, Orientierung und Heimat. Das ist eine Wohltat in der Schnelllebigkeit unserer mobilen Gesellschaft, durch die viele überfordert sind.

In der Zeit meines Aufenthaltes auf dem Berg erlebte ich die Gottesdienste zunächst sehr wohltuend. Es war wie ein großes Haus, in das ich einkehren konnte. Alles war bereit. Nichts musste ich dazutun. Das war erholsam. Die einstimmig gehaltenen Gesänge im Stundengebet waren Orte der Sammlung und der Ruhe. Aber es war auch sehr fremd, eben Kontrast. Um hier zu leben, braucht es ganz sicher eine klare Berufung, eine große innere Gewissheit: »Das ist mein Platz.« Ich merkte: »Ich könnte hier nicht leben ... Nein, das ist nichts für mich.« Aber es ist ein Schatz für die, die hier leben und blühen können, die hier Frucht bringen.

Familienkommunität Offensive Junger Christen (OJC)

Dann war ich in Reichelsheim im Odenwald. Die Familienkommunität Offensive Junger Christen ist etwas ganz anderes. Wirklich ganz anders!

Sie ist entstanden aus der Dynamik der Studentenbewegung der 68er und hat mit dem klassischen Bild einer klösterlichen Gemeinschaft nur wenig gemein. Hier leben Männer und Frauen zusammen, Ehepaare und Singles, zum Teil in gemeinsamen Häusern, zum Teil in eigenen Wohnungen in der Nähe. Diese Gemeinschaft sieht ihre Berufung darin, die gesellschaftlichen Nöte und Herausforderungen der Zeit vom Evangelium her zu durchdringen, nicht defensiv, nicht aggressiv, sondern offensiv. Sie greift strittige Themen auf, verbrennt sich an »heißen Eisen« die Finger (über Jahre war es die Sektenfrage, jetzt immer wieder der Fragenkomplex zu Themen der Homosexualität). Die intellektuelle Auseinandersetzung mit aktuellen Themen ist einer ihrer Schwerpunkte.

Jahr für Jahr werden junge Erwachsene in die so genannte »Jahresmannschaft« aufgenommen und haben hier Raum und Zeit ganzheitliches Christsein zu erleben und dadurch im Glauben zu wachsen. Angeboten werden biblische Lehre, Seelsorge, gemeinsame Gebetszeiten und Gottesdienste. Es geht darum, den christlichen Glauben »mit Kopf, Herz und Hand« zu ergreifen und zu leben. Mich faszinierte Anliegen und Leben dieser Gemeinschaft. Als ich sie besuchte, waren die Mitglieder gerade dabei, sich mit ihrer Situation zu beschäftigen. Nach 30 Jahren Bestehen gab es (noch) keine Regeln. Diese sehr »freiheitlich« wirkende Tatsache machte manches sehr schwierig. Das fand ich überaus spannend. Hier stieß ich in einem ganz anderen Zusammenhang auf die Frage von Freiheit und Verbindlichkeit.

Die Gemeinschaft sah, dass es notwendig war, Verbindlichkeiten für ein gemeinschaftliches Leben festzulegen. Fragen wie »Wer gehört eigentlich dazu? Wie kommt man rein? Wie wieder raus?«, mussten geklärt werden. Wenn es hierfür keine klaren Regelungen gibt, ist alles der Beliebigkeit überlassen, schlimmstenfalls der Willkür von Verantwortlichen. Gemeinschaftliches Leben braucht Verbindlichkeit. Und je größer die Gruppe wird, umso klarer muss es wohl beschrieben sein. Mir fiel der Satz eines Freundes ein: »Je christlicher, umso schriftlicher.« Nicht als tödliches Gesetz, aber als Hilfe zum Leben. Es ist eben wirklich so, dass Freiheit wie ein Raum ist, in dem zu leben man üben muss. Für diese Übung braucht es Ordnung.

Ich war überrascht. In vielen Gesprächen in dieser Zeit wurde die Situation der Singles angesprochen, die für sie gerade eher unbefriedigend war. Jemand sagte mir: »Eigentlich ist das Leben der Singles hier die einfache Verlängerung des Studentenlebens, eben eine WG.«

So eine Wohngemeinschaft ist aber letztlich nur ein »Quartier« und kein Zuhause. Es braucht Wände und ein Dach, Fenster und Türen in solch einer Gemeinschaft, damit sie wirklich ein Zuhause werden kann und nicht nur eine »Arbeits- und Projektgemeinschaft« ist. Sie soll Heimat sein, ein Lebensraum »für gute und für schlechte Zeiten«.

Auf einem Spaziergang mit einer verheirateten Frau aus der Gemeinschaft bewegten wir die Fragen zu diesem Thema. Ich empfand stark etwas vom theologischen Notstand in den protestantischen Kirchen im Blick auf den Stand der Ehelosen. Mehr und mehr entdeckte ich die seelsorgerliche Aufgabe, Menschen zu helfen, damit sie die Frage stellen: »In welchem Stand hat Gott für mich die Fülle des Lebens bereit?« Dann ist es eben ganz gleich, ob ein Mensch 20, 30 oder 40 Jahre alt ist. Und welche Formen des Lebens, welche Heimat können die Unverheirateten in Entsprechung zu ihrem Lebensalter finden?

Die Zeit in dieser Gemeinschaft bestärkte mich darin, die Fragen um Ehe und Ehelosigkeit nicht nur als meine persönlichen Fragen zu betrachten, sondern sie für andere auf mein Herz zu nehmen, zu bewegen und nach Antworten zu suchen.

Gemeinschaft Chemin Neuf (GCN)

Ich war in der Gemeinschaft Chemin Neuf. Wieder etwas ganz anderes! Diese inzwischen internationale Gemeinschaft entstand 1973 aus einer Gebetsgruppe in Lyon. Schon damals waren dort Christen aus verschiedenen Kirchen. Daher ist es eine katholische Gemeinschaft, die aber eine ökumenische Berufung lebt. Sie ist also innerhalb der römisch-katholischen Kirche offiziell als eine so genannte »neue Gemeinschaft« anerkannt, zugleich gibt es aber Mitglieder aus ganz verschiedenen Kirchen, die gemeinsam ihren Auftrag darin sehen, der Versöhnung und Einheit der Christen zu dienen.

In der GCN leben Ehepaare, Singles und zur Ehelosigkeit Berufene (Zölibatäre) zusammen, zum Teil unter einem Dach in einer Lebensgemeinschaft, zum Teil in so genannten »Stadtviertelgemeinschaften« in der je eigenen Wohnung.

In ihren Konstitutionen heißt es: »(Die Gemeinschaft) ... hat ihr Ziel nicht in sich selbst. Die Freude, Brüder und Schwestern in Jesus Christus zu sein, ist nur so groß wie unser gemeinsamer Wunsch, die Frohe Botschaft von der Auferstehung den Menschen zu bringen ... So findet die Mission ihre Quelle in der Gemeinschaft, und die Gemeinschaft entfaltet sich in der Mission.«

Das Ineinander von Gemeinschaft und Dienst kommt hier sehr schön und treffend zum Ausdruck. Im Fundament dieser Gemeinschaft liegt eine tief ausgeprägte »Theologie« des gemeinschaftlichen Lebens. Hier einige Grundüberzeugungen:

- Jesus Christus lebte in Gemeinschaft.
- Der Heilige Geist stiftet Gemeinschaft, wo er wirkt.
- Gott als der Dreieinige ist in seinem Wesen ursprünglich Gemeinschaft.
- In unserer Weltsituation, angesichts der Schere zwischen Arm und Reich, die immer weiter auseinander geht, ist es eine dringende Notwendigkeit im gemeinsamen Leben miteinander zu teilen.
- Gemeinschaftliches Leben hat nachgewiesenermaßen heilende Wirkung auf Menschen, deren Leben durch Alkohol, Drogen u. Ä. zerstört ist.

Ich finde, hier wird etwas deutlich von der theologischen, gesellschaftlichen und seelsorgerlichen Bedeutung von gemeinschaftlichem Leben. Ich habe etwas von der Kraft, die sich aus einer jahrhundertealten Tradition, nämlich der der Jesuiten, entfalten kann, entdeckt. Durch die Mischung mit dem Schwung der charismatischen Bewegung kommen Stabilität und Dynamik in einer beeindruckenden Weise zusammen. Da tun sich ungeahnte Möglichkeiten für einen vielfältigen christlichen Dienst in verschiedensten kirchlichen und gesellschaftlichen Bereichen auf.

Zugleich bietet solche Gemeinschaft Raum für Zugehörigkeit und Geborgenheit, für Arbeitsteilung und charakterliche Reifung. Auf meinem Weg mit dieser Gemeinschaft erlebte ich aber auch, wie stark es hier um ein »ordensähnliches Leben« geht. Die Struktur, die Prägung, der Ort in der katholischen Kirche – alles, was ein Schatz ist, was Reichtum ist, so empfinde ich, ist auch ein Mangel.

Ich denke an die Jahre meines Gemeindedienstes. Wenn wir Gäste von der Gemeinschaft Chemin Neuf bei uns hatten, sagten sie: »Eure Gemeinde hat starke gemeinschaftliche Züge.« Ich wusste damals nicht, was sie meinten. Erst jetzt, da ich selbst in dieser Gemeinschaft lebte, entdeckte ich, wie gemeinschaftlich wir gelebt haben.

Das hat mit Apostelgeschichte 2,42ff zu tun, was ja unsere Vision für Gemeinde war. Und meine tiefste Überzeugung ist, dass es darum geht, diese ganzheitliche und gemeinschaftliche Dimension des Christseins wieder zu entdecken und ihr Gestalt zu geben. Das ist etwas, was in der gesellschaftlichen und geistlichen Situation unseres Landes unabdingbar ist.

In mir verdichtet sich der Eindruck: Es muss etwas »dazwischen« geben, zwischen einer herkömmlichen Kirchengemeinde und einer ordensähnlichen Gemeinschaft. Es muss etwas zwischen bürgerlicher Unverbindlichkeit und hierarchisch gegliedertem Orden geben, etwas zwischen einem kirchlichen Veranstaltungsort und einer sehr speziell ausgeprägten Gemeinschaft, die neben einer (Orts-)Gemeinde lebt.

Es muss aber auch noch etwas Anderes geben. Und ganz sicher gibt es das hier und da auch schon. Aber es braucht eine Vielfalt neuer Gestaltungsformen von Gemeinde, damit sie ein Lebensort werden kann. Und dies natürlich nicht nur für Singles ... Aber vielleicht können oder müssen sie den Anfang machen?

In Gesprächen mit Mitgliedern der Gemeinschaften fiel mir auf, wie hoch sie den Wert des gemeinschaftlichen Lebens für ihr persönliches Leben und Wachstum einschätzen. »Leben in Gemeinschaft ist die beste (oder einzige?) Voraussetzung, den eigenen Glauben zu ›erden‹ und im Glauben zu wachsen, sowohl aufgrund des ›Nestklimas‹, der Wärme, die durch die Zugehörigkeit gegeben ist, als auch wegen des ›Reizklimas‹, das durch die unterschiedlichen Charaktere, Prägungen, Begabungen und Stile entsteht.«

Das ist wie »Düngung« für die Persönlichkeitsentwicklung und sorgt für gesundes geistliches Wachstum. Da gibt es eben Annahme und Fürsorge, Ermutigung und Austausch, aber auch alltägliche Reibereien, Streit und Versöhnung, Korrektur. Das alles fördert die Beziehungsfähigkeit in jeder Hinsicht, zu mir selbst, zu den anderen, zu Gott. Da bleibe ich nicht bei dem, was ich habe und was ich kann. Da werden miteinander völlig neue Gaben entdeckt, neue Räume eröffnet, die ich selbst allein nie sehen würde. Welch ein Reichtum tut sich da auf?!

Lohnt es sich nicht wirklich, sich auf die Suche nach einer echten (!) Alternative zu begeben, wenn man/frau des Single-Lebens überdrüssig ist? Nur nicht »heiraten um jeden Preis«! Das Unglück, das manche sich dadurch beschert haben, sollte wirklich niemand anstreben. Es ist so ein Elend, wenn aus scheinbar unüberwindlicher Not heraus ein Weg beschritten wird, den man nicht mehr rückwärts gehen kann. 1+1=1. Diese spezielle »Ehemathematik« braucht eben wirklich einen göttlichen Schöpfungsakt und kann nicht aus menschlichem Kalkül gelingen.

Und jetzt?

Auch wenn ich manches nicht ändern kann – anderes kann ich ändern, vielleicht noch viel mehr, als ich denke. Niemand von uns muss unglücklich Single bleiben! Davon bin ich zutiefst überzeugt. Der Weg zu unserem »Glück« hat jedoch verschiedene Etappen, stellt uns vor verschiedene Notwendigkeiten und Herausforderungen.

Das eigene Herz

Der wichtigste Platz dieser Welt, auch im Leben eines Singles, ist das eigene Herz. Noch einmal: Es geht darum, das eigene Herz wahrzunehmen, die Stimme tief in mir zu hören. Allerdings fällt eine Berufung in der Regel nicht wie ein Blitz vom Himmel, sondern ist oft in der leisen Stimme unseres Herzens verborgen. Doch wenn wir über Jahre die Schreie unseres Herzens nicht gehört, sie gedankenlos, viel beschäftigt oder gewaltsam ignoriert haben, dann werden wir auch die zarte Stimme nicht mehr hören können. Dann werden unsere inneren Ohren in gewisser Weise taub sein und auch das, was uns der Herr sagt, nicht mehr hören können.

Vielleicht muss ich mir Zeit nehmen für Stille Tage oder Exerzitien, bei denen ich dazu komme, mit dem Wort Gottes in der Hand ruhig zu werden und zu hören, was ich lange nicht mehr wahrgenommen habe. Vielleicht braucht es auch einen seelsorgerlichen Weg gemeinsam mit einer Schwester, einem Bruder, auf dem Heilung und Befreiung geschehen können, so dass man wieder neu das Leben empfängt.

Noch einmal: Unsere Seele ist es wert, dass wir uns um sie kümmern. Nur eine Seele, die Heilung empfangen hat, wird auch frei sein, sich selbst zu verleugnen, und darin die Fülle des Lebens empfangen und weitergeben können. Ich denke, wir merken, wo wir gerade sind – ob noch vor diesem ersten Schritt oder ob es für uns dran ist, nun auf die Suche zu gehen.

Die Frage der Berufung stellen. Das kann nicht einfach nebenbei geschehen. Das kostet einige Mühe und Aufwand. Aber es lohnt sich! Und wenn ich immer noch nicht weiß, ob ich wirklich ehelos bleiben kann oder soll, dann kann ich auf alle Fälle lernen, meinen momentanen Stand als Ort Gottes, an dem er mit mir leben will, anzunehmen.

Etwas Neues ausprobieren

Vielleicht ist es gut, den nächsten Urlaub einmal ganz anders zu verbringen und Gemeinschaften zu besuchen, von denen ich mir vorstellen könnte, dass sie ein Ort für mich sind? Nur mal schauen, erleben, beten. Mal sehen, was daraus wird.

Vielleicht ist es gut, etwas zu wagen und an einem Ort länger Rast zu machen? Immerhin können wir unsere Freiheit, sprich Unabhängigkeit, dafür sinnvoll nutzen. Unbezahlter Urlaub – heute nicht mehr möglich? Könnte es nicht sein, dass Gott uns herausfordert, ihm ganz praktisch zu vertrauen, damit er Unmögliches möglich machen kann?

Gott braucht »Aussteiger«. Da bin ich mir ziemlich sicher. In Zeiten zunehmender Unsicherheit, in denen immer mehr Menschen sich absichern wollen und merken, dass das nicht geht, braucht es Leute, die aussteigen aus der (scheinbaren) Sicherheit bürgerlicher Existenz. Aussteigen zu einem Gottvertrauen, das wir und unsere Zeitgenossen dringend brauchen. Ich glaube, Gott fängt immer klein mit uns an, um zu üben, was zu einem Leben im Glauben dazugehört.

1995 lud er mich zu einer Übung ein, die mir und anderen großen Gewinn gebracht hat. Aufgrund verschiedener äußerer Umstände kam ich zu der Entscheidung, bei meiner Kirche den Antrag zu stellen, mein Dienstverhältnis um die Hälfte zu reduzieren. Ich wollte damit einem Vikar die Anstellung in unserem Kirchenkreis ermöglichen und für mich selbst einen »freien Rücken« schaffen für übergemeindliche und überregionale Aufgaben. Dabei sollte der Dienstbereich derselbe bleiben. Ich wollte lediglich diesen Freiraum gewinnen, damit ich öfter abwesend sein konnte, den Dienst in den Gemeinden aber mit tatkräftiger und wirksamer Unterstützung Ehrenamtlicher unverändert weiterführen. Mein Anliegen führte zu einem mittleren Aufstand unter den Kollegen. Ich habe in keiner anderen Situation so viel Kritik und offene Beschimpfung erlebt wie in dieser. Erst allmählich verstand ich: Sie fühlten sich bedroht in ihrer Existenz. »Wir haben Frau und Kinder. Sie können von uns nicht erwarten, dass wir auf unser Gehalt verzichten ...« So ähnlich äußerte sich eines Tages einer der Kollegen. »Nein, ich erwarte von Ihnen gar nichts dergleichen. Aber ich habe weder Mann noch Kinder. Bitte lassen Sie mich die Chance meines Standes nutzen.«

Das war ein kleiner »Ausstieg«, in dem mir die Chance meines Standes selbst ganz neu bewusst wurde. Es dauerte Monate, bis mein Antrag genehmigt wurde. Dadurch hatte ich viel Zeit, wieder und wieder zu prüfen: Will ich das wirklich? Kann ich das? Und was, wenn es finanziell eng wird? Ich wusste, dass 50 % wirklich eine reale Einschränkung bedeutete im Vergleich zu vorher.

Aber ich wusste auch, dass Gott mich einlud, diesen Schritt zu tun, damit ich seine Fürsorge erleben und empfangen kann. Und wirklich: Ich habe nie Mangel gehabt (vgl. Lukas 22,35).

Verheißungsorientiert leben

Es lohnt sich, die Verheißungen Gottes zu studieren und sich an ihnen zu orientieren, um eine Perspektive zu gewinnen für das, was uns versprochen ist. Das hilft uns, loszulassen und zu verlassen, auszusteigen aus den Normalitäten eines bürgerlichen Lebens.

»Da fing Petrus an und sagte zu ihm: Siehe, wir haben alles verlassen und sind dir nachgefolgt. Jesus sprach: Wahrlich, ich sage euch: Es ist niemand, der Haus oder Brüder oder Schwestern oder Mutter oder Vater oder Kinder oder Äcker verlässt um meinetwillen und um des Evangeliums willen, der nicht hundertfach empfange: jetzt in dieser Zeit Häuser und Brüder und Schwestern und Mütter und Kinder und Äcker mitten unter Verfolgungen – und in der zukünftigen Welt das ewige Leben. Viele aber werden die Letzten sein, die die Ersten sind, und die Ersten sein, die die Letzten sind.« (Markus 10,28-31)

Verzicht wird belohnt mit irdischen Gütern und mit ewigem Leben. Im Matthäusevangelium kommt noch die Verheißung himmlischer Autorität dazu: »Jesus aber sprach zu ihnen: Wahrlich, ich sage euch: Ihr, die ihr mir nachgefolgt seid, werdet bei der Wiedergeburt, wenn der Menschensohn sitzen wird auf dem Thron seiner Herrlichkeit, auch sitzen auf zwölf Thronen und richten die zwölf Stämme Israels.« (Matthäus 29,28)

Wenn das nichts ist! Wir müssen die Verheißungen, in denen es um Verzicht, um Hingabe, um Verleugnung unserer Bedürfnisse geht und die es reichlich gibt, wiedergewinnen.

»Da sprach Jesus zu seinen Jüngern: Will mir jemand nachfolgen, der verleugne sich selbst und nehme sein Kreuz auf sich und folge mir. Denn wer sein Leben erhalten will, der wird's verlieren; wer aber sein Leben verliert um meinetwillen, der wird's finden. Was hülfe es dem Menschen, wenn er die ganze Welt gewönne und nähme doch Schaden an seiner Seele?« (Matthäus 16,24-26)

Es geht darum, dass wir uns in unserer Zeit wieder auf die Radikalität der christlichen Nachfolge einlassen. Sonst werden wir eines Tages für »lau befunden und ausgespuckt werden« (vgl. Offenbarung 3,16). Es gilt, das »Weizenkorngeheimnis« wieder zu entdecken: »Wahrlich, wahrlich, ich sage euch: Wenn das Weizenkorn nicht in die Erde fällt und erstirbt, bleibt es allein; wenn es aber erstirbt, bringt es viel Frucht. Wer sein Leben lieb hat, der wird's verlieren; und wer sein Leben auf dieser Welt hasst, der wird's erhalten zum ewigen Leben. Wer mir dienen will, der folge mir nach; und wo ich bin, da soll mein Diener auch sein. Und wer mir dienen wird, den wird mein Vater ehren.« (Johannes 12,24-26)

Dieses Sterben, so empfinde ich, hat für Singles eine sehr existenzielle Dimension. Aber liegt darin nicht auch eine traumhafte Chance? Viel Frucht bringen – das ist doch letztlich unsere tiefste Sehnsucht! Wenn wir unser Single-Sein als Dienst für Jesus verstehen können, selbst dann, wenn wir (noch) keine Klarheit über eine eventuelle Berufung zur Ehelosigkeit haben, dann gilt uns die Verheißung: »Wo ich bin, da sollst du auch sein, und der Vater wird dich ehren.« Das Single-Sein kann zur engsten, vertrauten Gemeinschaft mit Jesus werden – und zum Ehrenplatz. Wirklich!

Mut zu neuen Wegen

Singles, die ihr Single-Sein verstehen als Chance im Reich Gottes, können sich mit anderen, die eine Berufung zur Ehelosigkeit empfangen haben, zusammentun. In einer Stadt, vielleicht aus verschiedenen Gemeinden, trifft man sich, sucht Begleitung für einen möglichen beginnenden Prozess. Jemand, der Erfahrung hat mit dem Werden und Wachsen einer geistlichen Gemeinschaft, gibt Impulse, man verbringt gemeinsam eine Einkehrzeit, hört auf Gott und aufeinander.

Es könnte sich zeigen, wer von den Anwesenden gerufen ist, sich auf einen gemeinsamen Weg zu machen, und wer sich auch darauf einlassen kann. In weiteren Treffen kann das Ganze langsam Gestalt annehmen. Vielleicht findet man Anbindung an eine bereits bestehende Gemeinschaft, vielleicht wächst nach und nach heran, was im Zusammensein derer, die da zusammengekommen sind, bereits angelegt ist.

Leben und Dienst solcher neuen Gemeinschaften können sehr verschieden gestaltet werden. Es kann etwas sehr »Ursprüngliches« entstehen, etwas, das Wurzeln treibt, zur Blüte kommt und dann Frucht bringt.

Vielleicht entstehen gemeinschaftliche Zellen an Brennpunkten einer Stadt oder als »geistliches Zentrum« in einer ländlichen Region? Gemeinden für Leute, die in einer »normalen« Kirche keinen Platz finden, weil sie so »anders« sind – ehemals Straffällige, Obdachlose, Drogensüchtige? Vielleicht entstehen verbindliche Zellen innerhalb von Kirchengemeinden, ohne dass das Urteil »Elite« gleich laut werden muss. Vielleicht findet man sich auch mit Ehepaaren und Familien zusammen, die ebenfalls einen Ruf zum gemeinschaftlichen Leben spüren.

An manchen Orten bewegt sich schon etwas. Manche sind schon aufgebrochen auf solche Wege. Wir sollten nicht zögern, neues Land einzunehmen, aber auch nicht einfach naiv losmarschieren. Das haben schon viele erlebt: Eine schöne Vision und guter Wille reichen nicht aus. Es ist nötig, aus den Fehlern anderer zu lernen. Gott formt und gestaltet schon seit Jahrhunderten neue Gefäße, die seinen Inhalt wirklich fassen können und nicht beim ersten Anstoß zerbrechen. Die Erfahrungen solcher Menschen und Gemeinschaften können wir uns zum Vorbild nehmen.

Vielfalt gewinnen

Als protestantische Kirchen haben wir nachzuholen, was über Jahrhunderte versäumt wurde. Das christliche Leben ist in den evangelischen Landeskirchen in Gestalt der Ortsgemeinde, der Parochie, dramatisch vereinseitigt. Die bei uns allgemein gültige christliche Existenz hat weithin nicht mehr viel gemein mit den Formen neutestamentlichen Christentums. Es geht um eine Wiederentdeckung von Apostelgeschichte 2,42ff, was nicht gleich in ein klosterähnliches Leben führen muss, was aber verbindliche Gemeinschaft zur Voraussetzung hat.

Ich glaube, dass konstitutive Elemente christlicher Nachfolge in einer Vielfalt von Formen gemeinschaftlichen Lebens Ausdruck finden können und müssen. In den Freikirchen gibt es zwar weithin mehr »geistliche Substanz« und mehr Ansätze zu einer verbindlichen Nachfolge. Aber der Individualismus, die traditionell bürgerliche Ausformung des Christentums, wie sie über Jahrhunderte gewachsen ist und geprägt wurde, hat auch hier dazu geführt, dass Formen vereinheitlicht wurden, die dem biblischen Christentum und der Schönheit und Größe Gottes wohl kaum angemessen sind.

Eine Reformation der Lebensformen ist nötig. Dazu braucht es zuerst neues Leben und dann neue Strukturen dieses Lebens, die dem gemeinschaftlichen Wesen von Gemeinde dienen müssen. Gemeinde ist gemeinschaftlich, oder sie ist nicht.

Ganzheitlich Christ sein

Christliches Leben ist in seinem Ursprung und Wesen ganzheitlich. Dies kann letztlich nur deutlich werden in einer Gemeinschaft, die nicht nur Gottesdienste miteinander feiert, sondern auch das Leben miteinander teilt. Tischgemeinschaft, Feste, gemeinsame Arbeit – wie auch immer das konkret aussehen mag. Es tun sich Räume auf, in die andere eingeladen werden und »schmecken und sehen können, wie freundlich der Herr ist« (Psalm 34,9a).

Unsere Zeitgenossen brauchen meist keine vielen »schönen Veranstaltungen«. Sie brauchen nicht noch mehr Termine. Sie brauchen stattdessen Orte, an denen Leben gemeinsam gestaltet wird und Wärme, durch die verlässliche Beziehung spürbar wird; Orte, an denen das Leben wieder etwas von seinem Festcharakter gewinnt.

Gemeinschaftliche Zellen, in denen Menschen ihr Leben miteinander teilen, haben »wie von selbst« Ausstrahlung und Anziehung, die das Umfeld beeinflussen und verändern können. Sie sind Orte der Sammlung und Zurüstung, der Gastfreundschaft und des Gebets. Ihr Dasein ist schon Dienst, ist schon Mission. In unserer individualisierten Gesellschaft, in der Menschen zunehmend vereinsamen und daran krank werden, braucht es solche Orte des Lebens. Miteinander zu teilen in solch einer Gemeinschaft hat einen hohen sozialen Wert. Es ist etwas ursprünglich Christliches und weit mehr, als eine sonntägliche Kollekte einzusammeln.

Zum einen kann man beim gemeinsamen Wirtschaften effektiv sparen und so anderen abgeben. Zum anderen können Gemeinschaften in der zunehmenden sozialen Ungerechtigkeit reale Hoffnungszeichen sein und Menschen vor dem Absturz bewahren. Es geht darum, das »ursprünglich Christliche« nicht einfach an Organisationen und Vereine zu delegieren, sondern zurückzugewinnen als selbstverständliche Äußerung christlichen Lebens, das gemeinschaftlich geprägt ist.

Dabei geht es auch um das Miteinander der Generationen. Welch ein Schatz können die Erfahrungen der Älteren für die Jüngeren, der Schwung der Jüngeren für die Älteren sein. Und hier haben dann auch Singles die Möglichkeit, zu Müttern und Vätern zu werden. Unsere Gesellschaft braucht solche Vorbilder und Begleiter!

Gemeinschaftliches Leben bietet auch einen besonderen Raum für persönliches und geistliches Wachstum. In den Beziehungen untereinander wird die eigene Identität gestärkt und vertieft. Man erfährt Korrektur, und die Kommunikationsfähigkeit kann wachsen. Eine »Kultur der Versöhnung« entsteht, die wohltuende

Ausstrahlung entfaltet. Nach der tief greifenden Veränderung des Pfarramtes bzw. des Pastorendienstes können gemeinschaftlich lebende Zellen wieder den Raum bieten, den die Pfarrhäuser oder Pastorenhaushalte weithin nicht mehr bieten können oder wollen.

Verbindliche Gemeinschaft von Christen aus verschiedenen Kirchen, verschiedenen gesellschaftlichen und beruflichen Schichten und mit verschiedenem Lebensstand können ein glaubwürdiges Zeichen für Einheit und Versöhnung sein. Darin überwinden sie das Haupthindernis für Evangelisation und Mission, die Uneinheit zwischen den Christen (vgl. Johannes 17,20.21).

Ich glaube zutiefst, dass solche Entdeckungen neuer Wege ein glaubwürdiges Zeichen des Reiches Gottes sein werden, wenn wir sie persönlich und miteinander wagen. Gott wird große Freude daran haben, und seine Freude wird in unsere Herzen zurückfallen.

Aufbruch angesagt

Ich habe zu Beginn gesagt, dass dieses Buch nicht vollständig sein wird. Daran möchte ich erinnern. Vielleicht sind Sie, so wie ich am Anfang, überrascht von der Breite und Weite des Themas, um das es uns geht. Vielleicht haben Sie am Ende mehr Fragen als am Anfang.

Mein Anliegen und mein großer Wunsch ist, dass wir als Singles, in welcher Situation auch immer, eine neue Perspektive für unser Leben gewinnen und Mut finden, uns auf neue Wege zu begeben – und das genau von der Stelle aus, an der wir gerade stehen. Einander zu finden und zu begegnen, Verbindungen herzustellen, Ideen auszutauschen und Schritte zu wagen, darum geht es jetzt.

Und ich suche andere, die sich auch auf den Weg machen.

Es gibt bereits solche Leute! Nachdem ich das Konzept für dieses Buch zu dem Verlag gegeben hatte, kam ich immer wieder in Kontakt und zu überraschenden Begegnungen mit Menschen, die genah an diesem Thema dran waren und sind. Einige sind selbst Singles und fragen aus persönlicher Betroffenheit: »Muss es nicht noch was Anderes geben?« Andere haben in ihrem Umfeld viel mit Singles zu tun und entdecken dabei: »Das kann doch nicht alles sein! Es muss noch was Anderes geben!«

Wenn wir in christliche Gemeinden und Werke schauen, dann entdecken wir weithin ein sehr ungleiches Zahlenverhältnis. Einem Drittel Männer stehen zwei Drittel Frauen gegenüber! Das ist bei den Unverheirateten nicht anders, eher noch (viel) extremer. Das heißt, der Wunsch von vielen Singles nach einer Ehe, die Gebete um den Partner, den Gott ausgesucht hat, bleiben für viele unerfüllt. Und dann? Ist der Ein-Personen-Haushalt wirklich Gottes Alternative? Entspricht die von vielen gelebte christliche Single-Existenz zwischen Wohnung, Beruf, Gemeinde und Freizeit nicht letztlich dem gesellschaftlich-kulturell Üblichen und widerspricht zutiefst dem, was Gott sich für uns als Menschen gedacht hat?

»Es ist nicht gut, dass der Mensch allein sei« (1. Mose 2,18) – das gilt sicher auch für Singles. Und es stellt sich die Frage, ob der sonntägliche Gottesdienstbesuch und der wöchentliche Hauskreis, vielleicht noch ein gelegentlicher Single-Treff in der Gemeinde, wirklich ausreichen, um das Leben reich zu machen mit dem, was zutiefst in uns angelegt ist.

Ein Freund (verheiratet!) schrieb mir in dieser Zeit Folgendes: *»... Bei aller zentralen Bedeutung der Beziehung zu Gott halte ich es für zynisch, Singles davon zu erzählen, dass an die Stelle der fehlenden Menschen Gott selbst zu treten hat. Geistlich-persönliches Wachstum kann sich nur ereignen, wenn der/die Einzelne Zuwendung und Konfrontation erlebt (Z + K = W). Dies kann im Arbeitszusammenhang nur bedingt geschehen. Hierfür sind verbindliche, belastbare Beziehungen über den Arbeitszusammenhang hinaus Voraussetzung. Wenn das so ist, muss die Frage gestellt werden, wie darauf von Singles reagiert werden kann ...*

... Wie ist es möglich, dass wir an diesem Punkt angekommen sind? Wie ist es möglich, dass wir als Jesus nachfolgende Gemeinde Menschenleben nicht zur Entfaltung kommen lassen ...? Sind wir deshalb so blind, weil alles familien- bzw. paardominiert ist? Erneut sehe ich, dass wir in unseren

Gemeinden oft nur ein unheiler Reflex unserer Kultur sind. 1-Personen-Haushalte sind doch keine Leitlinie des Evangeliums! Aus geistlicher Sicht ist das ein Skandal! Wo wird denn stärker als in der Bibel betont, dass sich Leben nur in Gemeinschaft entfalten kann? Und ist es nicht ein zentrales Geschehen in Gottes Heilsgeschichte, dass er in Jesus die Voraussetzungen für echtes Miteinander und ein Heraus aus der Vereinzelung geschaffen hat? Ich sehe ganz dringenden Handlungsbedarf. Doch wer kann hier handeln?«

Dringender Handlungsbedarf! Ich sehe das auch so, je länger, je mehr. Aber nicht unüberlegt, nicht leichtfertig, nicht leichtsinnig! Nicht, dass wir jetzt alle einfach zusammenziehen und meinen, damit wäre etwas gewonnen. Nein, es geht um mehr!

Es geht um einen Aufbruch in eine neue geistliche »Kultur«, ein Ernstnehmen von Gottes Herz für Gemeinschaft, die Anderes und mehr ist als ein paar Termine im Kalender. Es geht um Gemeinschaften, die klar bestimmt und geprägt sind von der Beziehung zu Jesus, die seine Leidenschaft für jeden Einzelnen in sich tragen und aus dieser Leidenschaft Vision und Mut bekommen, Leben miteinander zu teilen.

Es ist der gemeinsame Wunsch und das gemeinsame Ringen, dass jede/r Einzelne tiefer und fester in Gott verwurzelt wird, und dass jede/r seine Stimme immer besser hören und ihm gehorchen kann.

Es geht um Gemeinschaften, in denen sich Leben entfalten kann, weil es dort Raum gibt, angenommen zu werden und Zuwendung zu erfahren, aber auch ermahnt und korrigiert zu werden. Es ist der gemeinsame Wunsch, einander zu dienen, damit jede/r immer klarer die ursprüngliche Berufung zur Gotteskindschaft und den eigenen Auftrag im Reich Gottes empfängt und lebt.

Es geht um Gemeinschaften, die in klarer Beziehung zur christlichen Gemeinde stehen, die teilnehmen am Leben und Auftrag der Christen einer Stadt oder Region. Allen ist der Wunsch gemeinsam, an Gottes Auftrag und Sendung in dieser Welt teilzuhaben; jeder kommt ihm an jeweils dem Ort nach, an den Gott ihn gestellt hat. Es kann aber auch sein, dass ein gemeinsamer Auftrag erwächst, dem die Gemeinschaft sich als solche stellt.

Wie das konkret aussehen soll?

Ich weiß es auch noch nicht! Ich ahne nur: Hier ist etwas ... Hier liegt eine Herausforderung, eine Aufgabe und eine Möglichkeit, die es zu ergreifen gilt. Ich ahne auch: Das kann sehr verschieden aussehen, da können sehr verschiedene Gemeinschaften wachsen – warum nicht auch hier und da gemeinsam mit Ehepaaren, mit denen, die keine Kinder (mehr) haben, oder vielleicht auch mit Familien? Es darf keine Monokultur, sondern muss eine Gemeinschafts-Kultur werden. Denn das entspricht dem Reich Gottes, dessen Ausbreitung wir uns wünschen und ersehnen.

Es braucht Menschen, die sich auf den Weg machen. Ein Wagnis ist das immer! Aber es ist eine Chance für uns alle und für das Reich Gottes in unserem Land! Ich träume davon, dass in unserem Land solche Gemeinschaften entstehen und wachsen. Wir können jetzt beginnen!

Kapitel 5

Es hat (schon) begonnen

Im November 2006 gab es eine Tagung für Singles, auf der ich die Erstausgabe des vorliegenden Buchs vorstellte. Am Ende sagte ich: »Ich suche jetzt andere, die mit mir das Andere suchen – ob es das wohl gibt und wie es aussehen könnte.«

Am Tag danach haben wir uns zu neunt zusammengesetzt. Es war eine erste Runde, bei der wir uns austauschten und gemeinsam beteten. Am Ende stand die Vereinbarung: »Wir wollen uns gemeinsam auf den Weg machen.«

Andere kamen hinzu. Wir trafen uns dann im März 2007 als Spurgruppe, um gemeinsam nächste Schritte in den Blick zu nehmen und zu gehen. Dabei merkten wir sehr bald: Es ist nicht einfach, etwas zu suchen, von dem man nicht weiß, was es ist und wie es aussieht.

Manche waren von Begeisterung gepackt. Am besten gleich ein Haus mieten oder kaufen und gemeinsam einziehen. Das wäre es doch! Andere zuckten eher ängstlich zusammen. Oh nein, bitte keine WG. Es muss doch noch was Anderes geben!

Ich kam mir vor wie beim Hausbau und hielt inne. Niemand geht in einen Baumarkt, schaut sich dort um und kauft Steine, Fenster, Türen, einen Schornstein, um dann auf eine Wiese zu fahren und ein Haus dorthin zu stellen. Nein, wenn es wirklich darum geht, ein Zuhause zu schaffen, dann geht es nicht um Adhoc-Aktionen mit viel Begeisterung und wenig Überlegung, sondern dann muss man planvoll vorgehen.

Man sucht sich einen Architekten. Es gibt gründliche Überlegungen. Planungen. Zeichnungen. Es wird verworfen, geändert, neu begonnen. Irgendwann ist der Plan fertig. Genehmigungen müssen eingeholt werden. Als Nichtfachfrau kann ich nur ahnen, was alles nötig ist, bevor die Arbeiten beginnen können. Und selbst dann, wenn es endlich losgeht: Zu sehen ist erst mal nicht unbedingt viel. Die Arbeiten am Fundament brauchen Sorgfalt und Zeit.

Dies wurde mir zum Bild für unseren Weg. Es geht nicht darum, hastig und überstürzt irgendetwas zu beginnen und dann nach kurzer Zeit in einem Trümmerhaufen zu stehen. Manchen ging es zu langsam. Manche meinten: »Die reden ja nur und tun nichts!« Das galt es auszuhalten.

Die Spurgruppe hat sich für »Gründungsarbeiten« Zeit genommen. Es war ein Prozess über ca. zweieinhalb Jahre, bis wir gesagt haben: »Wir haben etwas gefunden. Das könnte ein Fundament sein für das Andere, für gemeinschaftliche Lebenszellen, die überall entstehen, aber sehr verschieden aussehen können.«

Aus der Spurgruppe wurde 2009 ein Trägerkreis. Es gibt ein Kleinteam, das die inhaltliche Arbeit vorantreibt. Wir haben einen Verein gegründet, denn wir brauchen eine juristische Person, um Verträge mit Tagungshäusern zu schließen, Veranstaltungen anzubieten und seit 2011 Anstellungsträger zu sein.

Als ich die Erstfassung dieses Buches schrieb, war ich noch Pfarrerin in der Gefängnisseelsorge in Berlin. Die geplanten sechs Jahre in diesem Dienst gingen dem Ende entgegen und es war deutlich: Die Doppelbelastung einer halben Stelle im Gefängnis und der gleichzeitig wachsende Reisedienst für EmwAg war auf Dauer nicht zu bewältigen und auch nicht zu verantworten. Seit Anfang 2011 bin ich nun Bundesreferentin für das Netzwerk und den Verein »EmwAg e.V. Es muss was Anderes geben. Lebensperspektiven für Singles. Aufbruch zur Gemeinschaft«. Was sehr langsam und behutsam begann, hat eine erstaunliche Dynamik entfaltet.

EmwAg – Suchbewegung und Lerngemeinschaft: Ein Netzwerk entsteht

Das Fundament, das die Spurgruppe gefunden hat, ist ein Dreieck. Es sind die Grundwerte, die uns verbinden und auf denen wir gemeinschaftliche Lebenszellen, egal in welcher Form, gründen wollen. Hier sind Menschen eingeladen, auch ihr »Haus«, ihre Gemeinschaft aufzustellen. Nicht jeder muss »ganz von vorn anfangen«. Wir können ein gemeinsames Fundament nutzen.

Die Formen können und sollen vielfältig sein. Aber die fundamentalen Grundwerte sollten dieselben sein.

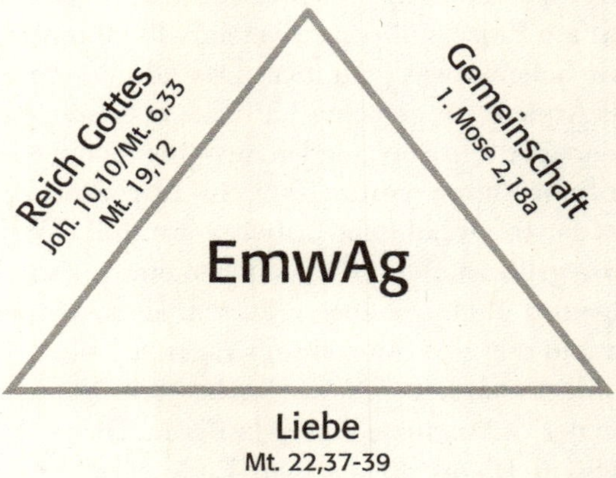

Die drei Linien zeigen die folgenden Grundwerte und sind Teil unserer Grundsatzerklärung:

1. Liebe

»›Du sollst den Herrn, deinen Gott, lieben von ganzem Herzen, von ganzer Seele und von ganzem Gemüt.‹ Dies ist das höchste und größte Gebot. Das andere aber ist dem gleich: ›Du sollst deinen Nächsten lieben wie dich selbst‹« (Matthäus 22,37-39).

Wir glauben, dass unser Leben durch die Liebe Gottes, wie er sie uns in Jesus Christus offenbart hat, zur Erfüllung kommt. Auf die Erfahrung seiner Liebe antworten wir mit unserer Liebe.

Wir sehnen uns danach, dass die Liebe Gottes unser Leben mehr und mehr durchdringt, damit wir ihn von ganzem Her-

zen lieben. Wir wollen wachsen in der Liebe untereinander und Orte schaffen, wo Menschen die Liebe Gottes erfahren und empfangen können.

Wir kehren um aus Selbstbezogenheit und Egozentrik zur Liebe als unserer tiefsten Bestimmung und Erfüllung. Wir brechen auf, Lebensformen zu finden und zu gestalten, in denen Liebe gelebt werden kann.

2. Gemeinschaft

»Es ist nicht gut, dass der Mensch allein sei« (1. Mose 2,18a).

Wir glauben, dass Gottes Bestimmung für unser Leben Gemeinschaft ist. Er selbst ist in seinem Wesen Gemeinschaft und hat uns für Gemeinschaft geschaffen.

Wir sehnen uns danach, in diese Bestimmung hineinzukommen und unser Leben mit anderen zu teilen. Um Gemeinschaft zu erfahren, in der Leben und Kraft freigesetzt werden, gehen wir mit anderen verbindliche Vereinbarungen ein.

Wir kehren um von einem nach Unabhängigkeit strebenden Individualismus zur Gemeinschaft als der von Gott gewollten Lebensform. Wir überwinden unsere Angst vor Verletzungen und wagen es, mit anderen unser Leben zu teilen.

3. Reich Gottes

»Jesus Christus spricht: Ich bin gekommen, damit sie das Leben und volle Genüge haben sollen« (Johannes 10,10b).

Wir glauben, dass die Erfüllung unseres Lebens nicht davon abhängt, ob wir verheiratet oder unverheiratet sind. Wir sehen in Ehe und Ehelosigkeit zwei gleichwertige, von Gott mit Erfüllung beschenkte Lebensformen. Wir wollen in der Lebensform, in der wir jetzt sind, die Fülle des Lebens von Gott empfangen.

Einige von uns nehmen den Stand der Ehelosigkeit als Berufung und Gabe von Gott an und drücken dies bewusst aus (vgl. Matthäus 19,12; 1. Korinther 7,7-9).

Wir kehren um vom Misstrauen gegen Gott, dass er uns vorenthalten könnte, was wir zum Glück brauchen. Wir brechen auf zum Vertrauen auf Gott, dass er schon jetzt die Fülle des Lebens für uns hat.

Wir kehren um von der Festlegung, in der Ehe die für uns einzig angemessene, Glück und Erfüllung versprechende Lebensform zu sehen. Wir suchen für die, die bewusst ehelos leben wollen, einen Weg, dies öffentlich zu bekennen, zu feiern und zu gestalten.

Aufgrund dieser Werte gibt es drei Absichtserklärungen.

Wir wollen einander helfen:

- Gott mehr zu vertrauen,
- ihm besser zu gehorchen
- und ihn mehr zu lieben.

Wir wollen einander geben:

- Zuwendung und Korrektur, um persönlich und geistlich zu wachsen;
- Zugehörigkeit, Heimat und Schutz.

Wir wollen Menschen sein:

- die miteinander das Leben teilen,
- gemeinsam beten und feiern
- und andere zu einem Leben in der Freude des Glaubens einladen.

Auf diesem Fundament können wir ganz verschieden aufbauen. Sehr unterschiedliche Menschen können in unterschiedlicher Ausprägung und Konkretion Leben miteinander teilen, Gemeinschaft finden und daraus Leben und Kraft schöpfen.

Näheres dazu und wie manches auf dem Fundament schon Gestalt gewonnen hat und weiterentwickelt werden kann, wird in meinem Buch *Es gibt was Anderes! Gemeinschaftliches Leben für Singles und Familien* erzählt und dargestellt (gemeinsam verfasst mit Thomas und Irene Widmer-Huber).

Doch zurück zu den Anfängen.

Es geht um Verwandlung

Bei unserem ersten Treffen im November 2006 sagte jemand nach einer Gebetszeit: »Mir ist gerade ein Bibelwort in den Sinn gekommen. Vielleicht ist das wichtig für uns.« Sie las Römer 12, die Verse 1 und 2 vor: »Ich ermahne euch nun, liebe Brüder, durch die Barmherzigkeit Gottes, dass ihr eure Leiber hingebt als ein Opfer, das lebendig, heilig und Gott wohlgefällig ist. Das sei euer vernünftiger Gottesdienst. Und stellt euch nicht dieser Welt gleich, sondern ändert euch durch Erneuerung eures Sinnes, damit ihr prüfen könnt, was Gottes Wille ist, nämlich das Gute und Wohlgefällige und Vollkommene.«

Dieses Wort fand in unseren Herzen starke Resonanz. Es ist wie der innerste Kern von dem, was inzwischen gewachsen ist. Paulus ermahnt. Da läuft uns vielleicht gleich ein kalter Schauer über den Rücken: »Ich brauche doch jetzt nicht noch Ermahnung ... Nein danke!«

Wenn ich mir den griechischen Text anschaue, entdecke ich da das umfassende Wort *parakalein*. Eigentlich heißt es »herbeirufen« und umfasst eine Fülle an Bedeutungen; es ist in sich ein Vielklang: ermahnen, ermutigen, trösten, beistehen. Liest man die Stelle mit diesem Wissen, hört man nicht mehr schroffe Worte, sondern erkennt die Fülle von Zuwendung, die Ermutigung und Korrektur zugleich sein kann, immer mit dem Ziel des Wachstums (Z + K = W; vgl. Seite 95). Das ist es, was wir so nötig brauchen!

Paulus ermahnt außerdem auf dem Boden der Barmherzigkeit Gottes! Es geht ihm nicht um das, was ihm gerade wichtig ist oder was unbedingt mal gesagt werden muss. Der Ursprung seiner Ermahnung ist Barmherzigkeit. Wie kostbar!

Doch auf dem Boden der Barmherzigkeit geht es um Hingabe – und die ganz, mit »Haut und Haar«. Es geht beim Leben als Christ nicht nur um etwas »Innerseelisches«, vielleicht ein schönes Glücksgefühl. Nein, das Leben als Christ meint mich ganz ... meint uns auch als Singles *ganz*. Und das hat Folgen für unseren Umgang mit unserem Leib, unserem Körper.

Hingabe als »vernünftiger Gottesdienst« – das ist mir ein wertvoller Maßstab. Es geht nicht um irgendwelche guten oder nicht so guten Veranstaltungen, sondern um unser Leben, das Gott gehört – ganz oder gar nicht. Und das nicht, damit wir nichts mehr haben, sondern damit wir alles haben! Damit unser Leben *verwandelt* wird.

Wer schon versucht hat oder es immer noch versucht, sich selbst zu verändern, wie die Lutherübersetzung an dieser Stelle schreibt (»Ändert euch durch Erneuerung eures Sinnes«), der weiß vielleicht von der Verzweiflung, die das bringen kann. Aber im Urtext steht hier *metamorphouste*, »Lasst euch verwandeln«. Das hier verwendete Wort gibt es im Neuen Testament sonst nur noch an der Stelle, wo Jesus auf dem »Berg der Verklärung« vor den Augen seiner Jünger verwandelt wird (Matthäus 17,1-13).

Metamorphose – das lässt mich an den wunderbaren Vorgang denken, wenn eine Raupe in einen Schmetterling verwandelt wird. Es ist für mich ein Leitbild für unser Leben geworden. Gern erzähle ich in diesem Kontext die Geschichte von den Raupen auf dem Möhrenfeld (aus: Willi Hoffsümmer, *Kurzgeschichten 1*, Grünewald-Verlag):

Da war einmal ein guter Mensch. Er hatte Mitleid mit dem hässlichen Gewürm der Raupen, wie sie sich Stunde für Stunde vorwärtsplagten, um mühselig den Stängel zu erklettern und ihr Fressen zu suchen – keine Ahnung von der Sonne, dem Regenbogen in den Wolken, den Liedern der Nachtigall! Und der Mensch dachte: Wenn diese Raupen wüssten, was da einmal sein wird: Sie würden ganz anders leben, froher, zuversichtlicher, mit mehr Hoffnung. Sie würden erkennen: Das Leben besteht nicht nur aus Fressen und der Tod ist nicht das Letzte.

So dachte der gute Mensch, und er wollte es ihnen sagen: Ihr werdet frei sein! Ihr werdet eure Schwerfälligkeit verlieren!

Ihr werdet mühelos fliegen und Blüten finden! Und ihr werdet schön sein!

Aber die Raupen hörten nicht. Das Zukünftige, das Schmetterlinghafte, ließ sich in der Raupensprache einfach nicht ausdrücken. – Er versuchte, Vergleiche zu finden. Es wird sein wie auf einem Feld voller Möhrenkraut ...

Und sie nickten, und mit ihrem Raupenhorizont dachten sie nur ans endlose Fressen.

Nein, so ging es nicht. Und als der gute Mensch neu anfing: Ihr Puppensarg sei nicht das Letzte. Sie würden sich verwandeln, über Nacht würden ihnen Flügel wachsen, sie würden leuchten wie Gold – da sagten sie: Hau ab! Du spinnst! Du hältst uns nur vom Fressen ab! Und sie rotteten sich zusammen, um ihn lächerlich zu machen.

Natürlich kann ich diese Geschichte als »österliche Parabel« erzählen und damit auf die andere Existenz hinweisen, die uns nach der Auferstehung erwartet. Aber mir scheint, im Blick auf das Wort aus dem Römerbrief geht es zunächst um die Verwandlung, die uns hier und jetzt in unserem Leben angeboten wird und die geschehen kann und soll, wenn wir uns Gott hingeben.

Sind wir nicht manchmal unersättlich? Es muss doch noch mehr geben ... immer mehr. Und während die einen es beim Essen suchen, sind die anderen unterwegs, sich immer schöner und komfortabler einzurichten. Die Nächsten fressen sich durch mit immer schnelleren und moderneren Autos, können nicht aufhören einzukaufen oder finden beim Fernsehen kein Ende. Oder der Alkohol wird unmerklich zum Mittel, um »satt zu werden« – scheinbar. Es kann so vieles sein, womit wir unseren Hunger stillen wollen.

Manche machen es dann »christlich«, fressen sich durch von einem Gottesdienst zum nächsten; hier noch ein Prediger mit besonderer Vollmacht oder da eine Gemeinde, in der es viel besser ist als woanders. Und dann sind wir auf der Suche nach Gemeinschaft. Immer auf der Suche nach dem, was wir so dringend brauchen. Es kann gefährlich werden, wenn wir uns gegenseitig »auffressen«.

Manchmal habe ich den Eindruck, dass wir als Christen Raupen bleiben, zwar fromme Raupen, aber eben Wesen, die fressen und fressen und zusehen, dass sie nicht zu kurz kommen. Ich glaube zutiefst, dass Gott uns genau hier verwandeln möchte; dass wir nicht Raupen bleiben, die sich irgendwie durchfressen, sondern Schmetterlinge werden, die Schönheit und Freiheit widerspiegeln. Das ist unsere Bestimmung. Ein herrliches Bild, finde ich!

Diese Verwandlung kostet uns das Leben. Ja, die Raupen gibt es nicht mehr, wenn sie zu Schmetterlingen geworden sind. Eine umfassende Verwandlung hat stattgefunden. Weithin verborgen, aber im Ergebnis zu erkennen.

Ich glaube, die eigentliche Frage unseres Lebens ist: Will ich eine Raupe bleiben oder lasse ich mich von Gott in einen Schmetterling verwandeln?

Ich kann diese Verwandlung nicht »machen«. Ich kriege es nicht hin, mich zutiefst zu verändern – aber ich kann es verhindern. Die Verwandlung hat mit Hingabe zu tun. Genau das meinte Jesus, als er sagte: »Wer sein Leben zu erhalten sucht, der wird es verlieren; und wer es verlieren wird, der wird es gewinnen« (Lukas 17,33). Oder als er das Bild vom Weizenkorn verwendete: »Wenn das Weizenkorn nicht in die Erde fällt und stirbt, bleibt es allein. Wenn es aber stirbt, bringt es viel Frucht« (Johannes 12,24).

Ich denke zurück an die Zeit, in der ich in der Prignitz Pfarrerin war. Die Erlebnisse, die ich im ersten Kapitel beschrieben habe – im Rückblick erkenne ich: Das war so eine Zeit der Verwandlung.

EmwAg – das kann auch heißen: Er macht wirklich Alles gut

»... Gottes Wille (...), nämlich das Gute und Wohlgefällige und Vollkommene«.

Letztlich geht es bei aller Verwandlung darum, dass der Wille Gottes in unserem Leben Gestalt gewinnt. Wir sollten einen weiten Blick auf die Möglichkeiten Gottes haben, der unser Leben »gut« machen will. Dabei handelt es sich nicht um ein Leben zweiter Klasse, minderwertig, ein »Notprogramm«. Ja, auch wenn es anders ist als meine Kindheits- und Jugendträume, wenn Träume zerplatzt und Konzepte zerbrochen sind – trotzdem hat Gott noch gute Absichten mit mir und mit meinem Leben.

Es ist eine bedrängende Frage vieler Christen und gerade bei

Singles liegt an dieser Stelle für viele die größte Anfechtung: »Kann mein Leben wirklich gut werden?« Doch was ist gut? Wie sieht das Gute aus, das Gott uns schenken soll? Ich habe den Eindruck, dass wir da manches verwechseln. Könnte es sein, dass das, was wir als »gut« bezeichnen, eher die gutbürgerlichen Leitbilder (oder woran auch immer wir uns orientieren) sind, die uns umgeben, und dass diese Leitbilder nur recht wenig mit dem zu tun haben, was die Bibel »gut« nennt?

Ein gutes Leben ist gleichbedeutend mit »trautes Heim, Glück allein« – nein, eben nicht allein, sondern mit Vater, Mutter, Kindern, einem sicheren Job, schönen Urlaub, Altersversorgung, später Enkelkinder ... und was das Herz so wünscht? Nichts gegen diese Wünsche. Es ist schön, wenn uns solches geschenkt ist. Aber es ist uns nicht versprochen als das, was Gott »gut« nennt.

In den vergangenen Jahren ist mir immer deutlicher geworden: Gut ist nicht gleich bürgerlich. Oh nein! Gut ist nicht gleich problemlos, harmonisch, einfach, versorgt und sicher. Nein! Das entspricht eher der »Raupenexistenz«. Dafür sind wir nicht geschaffen. Gut aus der Perspektive Gottes – das sind nicht unsere kleinen und großen erfüllten Wünsche. Das ist auch nicht unsere Frömmigkeit, mit der wir alles wissen und richtig machen und irgendwie hoffentlich auch das bekommen werden, was wir uns wünschen. Das ist auch nicht der Zustand, wenn wir mit all unseren Aktionen und Initiativen diese Welt endlich vom Bösen befreit haben. Nein! Es ist was ganz anderes, wenn ich in die Bibel schaue.

Gut ist, wenn Gott und wir untrennbar verbunden sind.

Gut ist, wenn wir durch Feuer und Wasser gehen und er mit uns ist (vgl. Jesaja 43,2).

Gut ist, wenn Leib und Seele verschmachten und er unser Teil ist (vgl. Psalm 73,26).

Gut ist, wenn wir durchs dürre Tal ziehen und es uns zum Quellort wird (vgl. Psalm 84,7).

Gut ist, wenn wir im Angesicht der Feinde am gedeckten Tisch sind und im Tal des Todesschattens von ihm getröstet werden (Psalm 23).

Er macht wirklich alles gut! Aber das ist eine andere Güte, eine andere Qualität.

Ich empfinde, und ich habe es so erlebt: Die Erschütterungen unseres Lebens, die unerfüllten Wünsche, die Schmerzen, das sind die Orte, an denen die Quellen lebendigen Wassers aufbrechen (vgl. Johannes 4,1-42). Und dort wird alles gut – aber eben ganz anders.

Wenn wir in die Kirchengeschichte schauen, dann bewundern wir Leute wie Paul Gerhardt, Martin Luther, Mutter Teresa. Ihre Lieder, ihr Leben, ihre Schriften – das sind Quellorte, an denen wir heute noch trinken können. Doch sie wurden durch Erschütterungen aufgebrochen.

Mitten im Tal des Todes, angesichts der Feinde, an den Orten, wo Leib und Seele verschmachten – genau da will Gott die Quellen in uns aufsprengen. Das ist das Geheimnis eines erfüllten Lebens: Wir selbst werden zu Quellorten, weil er in uns ist. Letztlich ist das das Andere! Und das macht es möglich, dass wir uns auf den Weg machen, dass wir zur Gemeinschaft aufbrechen.

Es ist ein großer Unterschied, ob wir diesen Aufbruch wagen als Leute, die wie gierig fressende Raupen sind, unersättlich unterwegs, unbewusst immer dabei, um Liebe zu betteln: »Hab mich lieb! Erkenne mich an! Ich brauche Liebe! Gib mir Liebe!«

Oder ob wir es endlich begriffen haben: Ich bin geliebt!

Die tiefste Verwandlung unserer Herzen geschieht, wenn wir zutiefst in uns ergreifen, was Gott uns geschenkt hat: Ich bin geliebt. Ich bin frei. Und wenn wir anfangen, diese neue Existenz zu leben. Dann werden nicht mehr die Umstände und auch nicht mehr die anderen Menschen Quellen unseres Glücks (oder Unglücks) und der Erfüllung sein. Sondern die Quelle des Lebens wird in uns sprudeln (vgl. Johannes 4,14).

Wenn wir dann aufbrechen zur Gemeinschaft, suchen wir nicht mehr andere, um endlich zu bekommen und zu haben, was wir brauchen, sondern um miteinander zu teilen, was Gott uns schenkt. Und das ist was Anderes. Nur dann kann Gemeinschaft gelingen. Dann entstehen nicht »Zweckgemeinschaften« zu dem

Zweck, dass es mir endlich besser geht, sondern Zellen gemeinschaftlichen Lebens, die Orte der Heilung werden können.

Übrigens: Das Gleiche gilt für glückliche Ehen. Wie soll es denn gehen, wenn zwei Menschen sich zusammenfinden, die von dem jeweils anderen erwarten, dass der Liebeshunger gestillt wird? Auch sie können nur glücklich werden, wenn sie sich in erster Linie von Gott geliebt und angenommen wissen und dies dann miteinander teilen.

Den Aufbruch wagen

Das Bild vom Hausbau zeigt: Es braucht Zeit. Das Bild von der Raupe und dem Schmetterling macht deutlich: Es geht um einen umfassenden Prozess. Und je nachdem, woher wir kommen, was wir für Menschen sind, wird es jeweils wieder ganz anders aussehen, wie wir unseren Weg finden und gehen. Tatsache ist aber: Es geht nicht darum, nun schnell einen Notausgang in »irgendetwas Anderes« zu suchen. Manche flüchten sich so in eine Ehe hinein und glauben, dass dies die Lösung sei. Hinterher wundern sie sich dann, wenn alles nur noch schwieriger wird. Andere suchen ihr Leben lang nach der perfekten Gemeinschaft, die zu ihnen passt, und stellen überrascht fest, dass nie etwas passt. Könnte es sein, dass nicht die Veränderung der anderen dran ist, damit sie zu mir passen, sondern die Verwandlung, die in mir noch geschehen muss?

Es braucht Zeit, und es lohnt sich, genau hinzuschauen, zu fragen und zu suchen: Wie kann das Andere aussehen für mich mit meiner Geschichte, meiner Prägung, meinen Gaben?

So notwendig Bedachtsamkeit, gründliche Überlegungen und Hinterfragen auf der einen Seite sind – sie können auch dazu führen, dass einfach alles so bleibt, wie es ist. Denn immerhin weiß ich da, was ich habe. Das ist mir in den vergangenen Jahren oft eine große Not. Ich begegne Singles, die in ihrem Leben so reduziert sind auf das »AES-Syndrom« (Arbeiten – Essen – Schlafen), die mitten im Burn-out stecken oder zumindest dagegen ankämpfen … und die keinen Schritt tun … Sie wagen es nicht. Da stehen die Fragen oft unausgesprochen im Raum: »Gibt es das Andere nicht vielleicht doch nur für die anderen? Ich bin nicht so wagemutig!«

Ja, was ich habe, das kenne ich – und wenn es noch so elend ist. Was es Anderes geben könnte – das erscheint mir unerreichbar. Also bleibe ich in dem, was ich habe und kenne und erlebe … auch wenn es mehr ein Erleiden ist.

Mir gefällt der Satz, der mir vor einiger Zeit begegnete: »Wer etwas will, findet Wege. Wer etwas nicht will, findet Gründe.« Und es gibt immer so viele Gründe, die uns davon abhalten, Schritte ins Leben hinein zu wagen. Das Andere ist immer auch eine Herausforderung. Und genau das ist die große Chance. Auch wenn das Unbekannte Angst macht, lädt es doch zu neuen Abenteuern ein, die Leben in sich tragen. Und im unbekannten Land ist unser Gott immer schon da.

Kapitel 6

Der Fragekasten

Das Telefon klingelt. Ich gehe dran. Eine leise, zögerliche Stimme meldet sich: »Ich habe Ihre Nummer von einer Bekannten bekommen. Haben Sie eine Gemeinschaft für mich?«

Solche Anrufe bekomme ich immer wieder. Ich versuche dann, ein Gespräch zu beginnen, und erfahre so manches Mal einfach nur Erschütterndes: Da ist eine Singlefrau, die ihr Leben lang bei ihren Eltern gewohnt hat, sie versorgt und gepflegt hat. Nun sind die Eltern verstorben. Die Tochter wohnt im elterlichen Haus, das viel zu groß ist. Geschwister gibt es nicht, oder sie sind verheiratet, haben Familie, wohnen weit weg. Die Singlefrau hat über der Pflege ihrer Eltern alle Beziehungen abbrechen lassen. Sie findet keinen Zugang mehr zu anderen, deren Leben so anders ist. Quälende Fragen stellen sich ein. Rückzug. Einsamkeit. Gibt es noch einen Ausweg?

Da steht über so manchem Singleleben die Forderung der Mutter: »Ich war mein ganzes Leben für dich da. Jetzt musst du für mich da sein.« Nicht jeder hat die Kraft, sich von einer solchen Forderung zu lösen. Mit Eltern um die 60 und 70 ist es noch möglich, das Gespräch suchen, die Auseinandersetzung nicht zu umgehen, solche Fragen zu klären. Aber was, wenn die Mutter über 80 ist – und nun wirklich Hilfe braucht? Bleibt dann nichts anderes mehr übrig, als den begonnenen Weg fortzusetzen? Was sollte zu einem bestimmten Zeitpunkt entschieden und umgesetzt werden – selbst wenn es zu einer Auseinandersetzung führt?

Oder mir begegnet eine junge Singlefrau: »Astrid, zu EmwAg komme ich nicht. Ich will doch nicht Single bleiben – und es tut einfach zu weh.« Ja, es tut weh und manche erleben das viel existenzieller und intensiver als andere. Das hat viel mit der eigenen Herkunft, Prägung und Geschichte zu tun. Aber wie gut, wenn wir den Schmerz spüren und ihn dann nicht verdrängen, sondern mit ihm umgehen. Hat er doch auch damit zu tun, dass wir zutiefst angelegt sind für das vertraute Gegenüber, für intime Begegnung mit Partner oder Partnerin, für Fruchtbarkeit. Ja, es ist normal. Aber warum sollten wir mit dem Schmerz allein fertig werden müssen?

Oder da ist ein Singlemann. Gerade getrennt oder geschieden möchte er bei einem unserer Wochenenden dabei sein: »Ich kann nicht allein bleiben. Ich suche eine Frau. Ich denke, hier finde ich eine.« Na klar, vielleicht kann er hier eine finden. Könnte sein. Aber ist das wirklich schon der allernächste Schritt? Kann es gut gehen, wenn die Trümmer der einen Beziehung noch nicht weggeräumt sind, sich in eine neue Beziehung zu stürzen?

Das sind nur einige der Fragen, Themen, Problemfelder, mit denen so viele Singles zu tun haben. Damit kann »man« nicht allein fertig werden. Bei unseren Veranstaltungen habe ich deshalb (fast) immer einen »Fragekasten« dabei. Teilnehmende können während der gemeinsamen Zeit Zettel mit Fragen einwerfen und immer wieder zwischendurch werden diese Fragen im Plenum behandelt. Er ist ein wichtiges Instrument, damit Raum für Themen ist, die sonst weithin tabu sind. Und das ist eine meiner schönsten Entdeckungen in den vergangenen Jahren: Es tut so vielen so gut, endlich mal Menschen zu finden, mit denen sie über das sprechen können, was ihr Leben ausmacht – quälende Fragen, schmerzende Unsicherheiten, begeisternde Träume. Allein schon dafür lohnt es sich, Wochenenden gemeinsam zu verbringen.

Ich habe die Fragen der vergangenen Jahre weithin aufbewahrt und die herausgesucht, die am häufigsten gestellt werden. Auf sie will ich im Folgenden versuchen, Antworten zu geben.

Wieso gibt es so viele Singles? Warum werden es immer mehr?

Ich bin mir gar nicht so sicher, ob es wirklich so viel mehr Singles gibt als früher oder ob es nur »gefühlt« so ist, weil die Singles anders leben und es dadurch einfach mehr auffällt? Jedenfalls kenne ich keine gesicherte Statistik dazu. Früher lebten die Singles in der Großfamilie, waren aufgehoben im familiären Verbund. Im Zeitalter der Individualisierung lebt »man« und »frau« jedoch allein. Die Großfamilie ist abgelöst durch die unzähligen Einpersonenhaushalte.

Aber es kann schon sein, dass es mehr sind, als es mal waren, und es immer mehr werden ... Schon dadurch, dass es auch immer mehr »Wieder-Singles« gibt, wie sie sich selbst oft nennen – Männer und Frauen nach der schmerzlichen Erfahrung von Trennung und Scheidung.

Gottes geniale Idee war die Ehe – davon gehe ich (immer noch) aus. Wir leben allerdings in einer Welt, die von der Sünde gezeichnet ist. Da sind viele von Gottes ursprünglichen Ideen von der Zerstörung bedroht. Und es gibt ganz sicher nicht den *einen* Grund für diese Situation.

Schon Jesus spricht von drei Arten von Singles: In Matthäus 19 ist er mit den Jüngern im Gespräch über Ehe und Ehescheidung. Die Jünger merken, wie schwierig das Ganze ist, und stellen fest: »Steht die Sache eines Mannes mit seiner Frau so, dann ist's nicht gut zu heiraten« (Matthäus 19,11). Im jüdischen Kontext war dies sozusagen eine unerhörte Feststellung (vgl. Kapitel 2)!

Jesus geht darauf ein: »Dies Wort fassen nicht alle, sondern nur die, denen es gegeben ist. Denn einige sind von Geburt an zur Ehe unfähig; andere sind von Menschen zur Ehe unfähig gemacht; und wieder andere haben sich selbst zur Ehe unfähig gemacht um des Himmelreichs willen. Wer es fassen kann, der fasse es!«

Ich finde diese Äußerung überaus spannend, und das nicht nur im Blick auf die dritte Gruppe, auf die ich ja im 2. Kapitel des Buches bereits näher eingegangen bin (vgl. Seite 34). Es gibt Menschen, die von Geburt an »verschnitten« sind (griechisch: *eunouchtestein*), das heißt von Geburt an nicht fähig zu einem ehelichen Leben. Diese Aussage halte ich für bedenkenswert im Blick auf Fragen, die unter uns immer wieder Stoff für heiße Auseinandersetzungen sind – man denke an das Thema Homosexualität, ohne es überzubewerten.

Dann gibt es Menschen, die von anderen Menschen zur Ehe

unfähig gemacht worden sind, »verschnitten« wurden. Zur Zeit Jesu waren das die Eunuchen, die durch einen körperlichen Eingriff für das eheliche Leben unfähig gemacht wurden, damit sie als Haremswärter geeignet waren. Das gibt es in unserer Kultur so nicht. Aber trotzdem behaupte ich, dass diese Gruppe in unserer Zeit die größte und die am meisten wachsende ist. Warum? Im dritten Teil der Aussage Jesu wird deutlich, dass das »Verschnittenwerden« nicht unbedingt einen körperlichen Eingriff meint. Denn die, die sich selbst zur Ehe unfähig gemacht haben (sich verschneiden) »um des Himmelreiches willen«, haben ja keinen körperlichen Eingriff vorgenommen. Genauso möchte ich es für die zweite Gruppe verstehen. Es muss sich hier nicht um einen körperlichen Eingriff handeln.

Wie viele Menschen werden durch andere Menschen beziehungsunfähig gemacht! Wer ein wenig von Entwicklungspsychologie versteht, einen kleinen Einblick in die Bindungsforschung hat, der weiß, wie prägend die ersten Lebensjahre dafür sind. Viele unserer Kinder wachsen so auf, dass sie nicht beziehungs- bzw. bindungsfähig werden. Das ist für mich der wesentlichste Grund, warum es so viele und immer mehr Singles gibt und geben wird.

Die große Herausforderung ist: Was haben wir in den christlichen Gemeinden für sie? Wenn wir nur zu sagen haben: »Aber die Ehe ist doch Gottes Wille« – dann werden wir sie nicht erreichen und ihnen nicht dienen können.

Wie kann ich als Single meine Sexualität leben?

Das ist die weitaus häufigste Frage, die auf verschiedenste Art gestellt wird. Wenn es auf dieses Thema kommt, merke ich, wie groß die Erleichterung ist, endlich einmal darüber sprechen zu können. Denn wo ist das sonst möglich? Für Christen war die Sexualität lange ein Tabuthema. Und nun noch für christliche Singles? Ja, dürfen die denn überhaupt eine Sexualität haben? Muss sie nicht bekämpft werden?

Ich erzähle da gern die Geschichte von Anselm Grün, der in seinem Buch *Ehelos des Lebens wegen* von einem Gespräch mit einer Nonne berichtet, die zu ihm sagt: »Meine Sexualität, die habe ich getötet«, und Grün stellt fest: »Ja, so sah sie auch aus.«

Sexualität ist die Kraft der Lebendigkeit in jedem Menschen. Sie gehört wesenhaft zu uns dazu und ist weit mehr als das, was wir weithin meinen, wenn wir von Sex reden. Im 3. Kapitel bin ich auf dieses Thema näher eingegangen.

Und dann kommt natürlich auch die Frage nach Homosexualität. Bei keinem anderen Thema ist mir so deutlich wie hier, wie sehr die Überzeugungen, die wir vertreten und für die wir stehen, mit unserem Schriftverständnis verbunden sind. Und unser Schriftverständnis ist nicht zu lösen von unserem Menschen- und Weltbild.

Ich möchte mich nicht einreihen in die Reihe der Kämpfer im Blick auf dieses Thema. Aber meine Überzeugung möchte ich äußern: Zum einen sind Mann und Frau als Ebenbild Gottes geschaffen und darin sind sie aufeinander verwiesen. Sie gehören in ihrer Verschiedenheit, die ja nicht nur eine körperliche Dimension hat, zusammen. Darüber hinaus ist der Mensch in seinem ganzen Sein ein sexuelles Wesen. Die körperliche Ausübung der Sexualität ist eine Facette dieser Dimension menschlichen Seins. Sie hat ihren Platz im geschützten Raum einer Ehe von Mann und Frau. Aufgrund dieser Überzeugung verzichte ich auch als Single auf diese körperliche Dimension sexuellen Lebens.

Im Übrigen: Verzicht gehört für mich zur Qualität menschlichen Lebens hinzu und ist durchaus nicht lebenszerstörend. Bei EmwAg ermutigen und unterstützen wir einander in diesem Verzicht. Das schließt auch den Verzicht auf homosexuelle Praktiken ein.

Wie erkenne ich, ob ich die Berufung zur Ehelosigkeit habe? Muss Gott mir, wenn er mich dazu beruft, nicht auch die Gabe (das »Charisma«) der Ehelosigkeit geben?

Bei diesem Thema spüre ich oft eine gewisse Angst bis hin zur Aggression: »Das Charisma der Ehelosigkeit – das will ich nicht haben! Hoffentlich gibt Gott mir das nicht!« Hintergrund dafür ist folgende Bibelstelle: »Gott schenkt manchen die Gabe der Ehe und anderen die Gabe, unverheiratet zu leben« (1. Korinther 7,7).

Die Frage, die dahinter steht: Was für ein Verständnis von Charismen haben wir? Sind es »besondere Auszeichnungen für besonders verdienstvolle Christen« oder Belohnungen für fromme Leistungen oder darf jeder mal in eine Kiste fassen und sich das Gewünschte herausholen?

Ich habe an dieser Stelle gelernt: *Charis* (griechisch) bedeutet Gnade, und Charismen sind insofern die besondere Ausprägung der Gnade Gottes für eine bestimmte Situation, für eine konkrete Herausforderung, eine ganz bestimmte Aufgabe.

Es fällt auf, dass zum Beispiel die Gabe der Krankenheilungen (1. Korinther 12,28) viel häufiger in Situationen gegeben ist, in denen die konkreten Herausforderungen andere sind als in Westeuropa mit seinem Gesundheitssystem. Gott gibt in bestimmten Situationen bestimmte Formen seiner Gnade, um diesen Situationen gut begegnen zu können. Das heißt für mich im Blick auf unser Thema: Als Singles stehen wir in ganz konkreten Herausforderungen, für die wir unbedingt die Gnade Gottes brauchen. Deshalb sollte sich jeder Single unbedingt danach ausstrecken, das Charisma der Ehelosigkeit von Gott zu empfangen, um in der persönlichen Situation fröhlich bestehen zu können.

Unterscheiden möchte ich davon die innere Klarheit eines Menschen, der »auf die Ehe verzichtet, weil er ganz davon in Anspruch genommen ist, dass das Reich Gottes kommt« (Matthäus 19,12; GNB). Das verstehe ich als Berufung in den Stand der Ehelosigkeit, den nur einige oder wenige haben: »Wer es fassen kann, der fasse es.« Aber das Charisma – das brauchen alle Singles.

Ich will doch aber noch heiraten! Warum macht ihr für die Singles, die das wollen, kein Angebot?

Es gibt verschiedene Single-Initiativen und in den vergangenen Jahren sind immer mehr dazugekommen. Sie haben verschiedene Schwerpunkte. Die ganz »klassischen« konzentrieren sich auf die Hilfe zur Partnervermittlung. Früher ging das meist über Anzeigen, heute entstehen auch unter Christen immer mehr Partnerdienste im Internet. Auch gibt es Angebote in vielen Städten, damit christliche Singles ihre Freizeit miteinander verbringen können. Vor allem am Sonntagnachmittag, wenn viele Singles in den »Sonntagnachmittagsblues« verfallen, ist das eine gute Sache.

EmwAg hat seinen Schwerpunkt bei etwas anderem: Bei uns gilt nicht das Motto: »Hauptsache verheiratet«, sondern: »Hauptsache nicht allein«. Es geht uns darum, zu ermutigen, zu helfen, zu begleiten und Menschen zu finden, mit denen wir *Leben teilen* können, auch wenn wir den Alltag (noch) nicht teilen können.

Es geht darum, dass wir Zugehörigkeit finden, ein Zuhause, Menschen, mit denen wir zusammengehören. Das kann eine Ehe sein, und wie schön, wenn sich das noch ereignet. Aber was passiert, wenn nichts passiert? »Es ist nicht gut, dass der Mensch allein sei« (1. Mose 2,18a) – das gilt auch für Singles. Und das ist der Ansatz von EmwAg.

Ich glaube, es braucht viel Anderes, damit Singles nicht Randsiedler des Lebens sind, sondern die Fülle des Lebens empfangen können. Deshalb ist es mir ein wachsendes Anliegen, dass sich Single-Initiativen verschiedener Art mit ihren unterschiedlichen Schwerpunkten miteinander verbinden. Ich bin gespannt, was sich da in den kommenden Jahren entwickeln wird.

Ich bin geschieden. Und nun?

Darauf war ich nicht vorbereitet: Bei unseren Veranstaltungen sind im Schnitt ein Drittel der Teilnehmenden »Wieder-Singles«, wie sie sich oft selbst nennen. Sie sind froh, bei uns Menschen zu finden, die eine ähnliche Geschichte haben. Austausch, Trost, Ermutigung sind möglich.

Für manche Singles, die die Ehe in rosarote Illusionen tauchen, ist es hilfreich, von der manchmal so anstrengenden, traurigen Realität zu hören. Und doch: Es braucht noch was Anderes.

2013 haben wir gemeinsam mit anderen christlichen Werken und Initiativen einen Verein gegründet: »Scheidung überwinden. Hoffnung schöpfen, Hilfe finden. Heilung erfahren«, der in den nächsten Jahren einen Kurs herausbringen wird, der in Gemeinden angeboten werden soll. Menschen in der Situation nach einer Scheidung brauchen Räume, damit nach diesem zerstörerischen »Hurrikan«, der durch das Leben gefegt ist, Wiederherstellung geschehen kann.

Zum Schluss

Die Arbeit an der Neuauflage dieses Buches hat mich tief bewegt. Wir haben in den vergangenen Jahren so viel Schönes miteinander erlebt. Singles haben ihren Wert entdeckt, sind »aus ihrer Höhle gekrochen«, wie es manche selbst beschreiben, sie haben sich auf den Weg gemacht.

Aber ich habe auch sehr viel Not wahrgenommen. Es gibt so viel Sprachlosigkeit. Hilflosigkeit. Rückzug. Einsamkeit. Es braucht noch viel Anderes!

Doch was heißt hier eigentlich »Singles«? Dieses Wort, das vielen gar nicht gefällt, ist ein Sammelbegriff für Menschen, die eigentlich nicht unter einem Begriff zu sammeln sind. Wie verschieden sind wir! Wie verschieden nehmen wir unsere Situation als Single wahr, wie verschieden sind die Situationen selbst! Schon allein in den unterschiedlichen Lebensphasen ist das jeweils anders. Die Ängste, Hoffnungen, Perspektiven und Träume – wie verschieden!

Welch ein Reichtum, wenn wir das miteinander teilen, einander wahrnehmen, ermutigen, trösten, herausfordern! Hier ist ganz sicher vieles möglich, wenn wir uns nicht beschämt verstecken und allein durchkommen wollen, sondern wenn wir einander suchen und miteinander teilen. Wie gut, wenn die verschiedenen Initiativen für Singles sich miteinander verbinden und aufzeigen, welch einen Reichtum es in unserem Leben und Miteinander gibt!

Hier sind wir zuallererst selbst gefordert. Die Herausforderung gilt aber auch den christlichen Gemeinden insgesamt. Die verschiedenen Lebensstände gehören untrennbar zusammen. Konkurrenz, Neid, Ausgrenzung, Rückzug – das alles bringt Tod in unsere Beziehungen und in unser Leben. Es braucht Räume, wo Singles, Verheiratete und Familien miteinander teilen, was Gott uns jeweils gegeben hat. Wie können solche Räume entstehen, in jeder Gemeinde, an jedem Ort?

Es braucht aber auch theologische Arbeit. Hier gibt es noch viel zu tun, damit das Andere umfassend Gestalt gewinnen kann. Wir sind herausgefordert, in Lehre, Verkündigung und Seelsorge gemeinsam zu lernen, damit wir einander und den Menschen um uns herum in ihrer jeweiligen Lebenssituation noch besser dienen können. Kommen Sie mit auf den Weg?

Verwendete bzw. zur weiteren Lektüre empfohlene Literatur

H. Aepli, *Single – und wie?! Erfülltes Leben mit unerfüllten Wünschen*, Echter

D. Bonhoeffer, *Gemeinsames Leben*, Gütersloher Verlagshaus

G. Bosinski, P. Toaspern (Hrsg.), *Wer mir dienen will. 24 Lebensbilder*, Ev. Verlagsanstalt Berlin

L. Crabb, *Connecting: Das Heilungspotential der Gemeinschaft. Ein radikal neuer Ansatz, die Kraftquellen Gottes zu entdecken*, Brunnen Verlag

L. Crabb, *Orte der Geborgenheit und Heilung*, Gloryworld-Medien

L. Crabb, *Wenn Gott unsere Wünsche nicht erfüllt*, Brunnen Verlag

B. Curtis, J. Eldrege, *Ganz leise wirbst du um mein Herz: Wie Gott unsere Sehnsucht stillt*, Brunnen Verlag

A. Eichler, T. und I. Widmer-Huber, *Es gibt was Anderes! Gemeinschaftliches Leben für Singles und Familien*, SCM R.Brockhaus

A. Eichler, *Gott hat gewonnen*, SCM R.Brockhaus

A. Grün, *Ehelos des Lebens wegen*, Vier-Türme-Verlag

A. Grün, *Im Haus der Liebe wohnen*, Kreuz Verlag

A. Grün, A. Schwarz, *Alles lassen, weil Er mich nicht lässt. Berufen, das Evangelium zu leben*, Herder

J. Halkenhäuser, *Kirche und Kommunität. Geschichte und Auftrag der kommunitären Bewegung in den Kirchen der Reformation*, Bonifacius-Druckerei

I. Reimer, *Verbindliches Leben*, Quell-Verlag

F. und C. Schwarz, *Theologie des Gemeindeaufbaus. Ein Versuch*, Aussaat Verlag

J. Vanier, *In Gemeinschaft leben. Meine Erfahrungen*, SCM R.Brockhaus

Paperback,
13,5 x 20,5 cm,
192 Seiten,
Nr. 226.347

Astrid Eichler, Irene Widmer-Huber, Thomas Widmer-Huber

Es gibt was Anderes!

Gemeinschaftliches Leben für Singles und Familien

Seit Astrid Eichlers Buch „Es muss was Anderes geben!" ist viel passiert. Eine Bewegung von Singles ist entstanden, die überall in Deutschland nach neuen Lebensformen sucht. Und sie haben entdeckt: Es gibt was Anderes! Nicht nur für Singles, auch für Familien. Die Autoren stellen Modelle gemeinschaftlichen Lebens vor, bieten Vorschläge, Träume konkret werden zu lassen und welche praktischen Schritte man gehen sollte, um sie auch zu verwirklichen. Dabei erzählen sie ihre eigenen Geschichten und Erfahrungen.

SCM
R.Brockhaus